中华人民共和国职业病防治法

注释本

法律出版社法规中心　编

法律出版社
LAW PRESS CHINA
·北　京·

图书在版编目(CIP)数据

中华人民共和国职业病防治法注释本 / 法律出版社法规中心编. -- 3版. -- 北京 : 法律出版社, 2021(2024.5重印)
(法律单行本注释本系列)
ISBN 978-7-5197-5413-6

Ⅰ. ①中… Ⅱ. ①法… Ⅲ. ①职业病防治法－法律解释－中国 Ⅳ. ①D922.545

中国版本图书馆CIP数据核字(2021)第039134号

中华人民共和国职业病防治法注释本
ZHONGHUA RENMIN GONGHEGUO
ZHIYEBING FANGZHIFA ZHUSHIBEN

法律出版社法规中心 编

责任编辑 陶玉霞
装帧设计 李 瞻

出版发行 法律出版社
编辑统筹 法规出版分社
责任校对 张红蕊
责任印制 耿润瑜
经　　销 新华书店

开本 850毫米×1168毫米 1/32
印张 5.125 **字数** 148千
版本 2021年3月第3版
印次 2024年5月第3次印刷
印刷 固安华明印业有限公司

地址:北京市丰台区莲花池西里7号(100073)
网址:www.lawpress.com.cn
投稿邮箱:info@lawpress.com.cn
举报盗版邮箱:jbwq@lawpress.com.cn
销售电话:010－83938349
客服电话:010－83938350
咨询电话:010－63939796

书号:ISBN 978-7-5197-5413-6 **定价:**25.00元

凡购买本社图书,如有印装错误,我社负责退换。电话:010－83938349

编辑出版说明

现代社会是法治社会，社会发展离不开法治护航，百姓福祉少不了法律保障。遇到问题依法解决，已经成为人们处理矛盾、解决纠纷的不二之选。然而，面对纷繁复杂的法律问题，如何精准、高效地找到法律依据，如何完整、准确地理解和运用法律，日益成为人们“学法、用法”的关键所在。

为了帮助读者快速准确地掌握“学法、用法”的本领，我社开创性地推出了“法律单行本注释本系列”丛书。本丛书自首次出版至今已十余年，历经多次修订完善，现已出版近百个品种，涵盖了社会生活的重要领域，已经成为广大读者学习法律、应用法律之必选图书。

本丛书具有以下特点：

1. 出版机构权威。成立于1954年的法律出版社，是全国首家法律专业出版机构，始终秉承“为人民传播法律”的宗旨，完整记录了中国法治建设发展的全过程，享有“社会科学类全国一级出版社”“全国百佳图书出版单位”等荣誉称号。

2. 编写人员专业。本丛书皆由相关法律领域内的专业人士编写，并引入匿名审稿评估制度，确保图书内容始终紧跟法治进程，反映最新立法动态，体现条文本义内涵。

3. 法律文本标准。作为专业的法律出版机构，多年来，我社始终使用全国人民代表大会常务委员会公报刊登的法律文本，积淀了丰富的标准法律文本资源，并根据立法进度及时更新相关内容。

4. 条文注解精准。本丛书以立法机关的解读为蓝本，对每个条文提炼出条文主旨，并对重点条文进行注释，使读者能精准掌握立法意图，轻松理解条文内容。

5. 配套附录实用。书末“附录”部分收录的均为重要的相关法律、法规和司法解释，使读者在使用中更为便捷，使全书更为实用。

需要说明的是，本丛书中“适用提要”“条文主旨”“条文注释”等内容皆是编者为方便读者阅读、理解而编写，不同于国家正式通过、颁布的法律文本，不具有法律效力。本丛书不足之处，恳请读者批评指正。

我们用心打磨本丛书，以期待为法律相关专业的学生释法解疑，致力于为每个公民的合法权益撑起法律的保护伞。

法律出版社法规中心

2021 年 1 月

目　录

附　录

《中华人民共和国职业病防治法》适用提要

《职业病防治法》[1]是一部关于预防、控制和消除职业病危害，防治职业病，保护劳动者健康及其相关权益的重要法律。《职业病防治法》经2001年10月27日第九届全国人大常委会第二十四次会议通过，根据2011年12月31日第十一届全国人大常委会第二十四次会议《关于修改〈中华人民共和国职业病防治法〉的决定》第一次修正，根据2016年7月2日第十二届全国人大常委会第二十一次会议《关于修改〈中华人民共和国节约能源法〉等六部法律的决定》第二次修正，根据2017年11月4日第十二届全国人大常委会第三十次会议《关于修改〈中华人民共和国会计法〉等十一部法律的决定》第三次修正，根据2018年12月29日第十三届全国人大常委会第七次会议《关于修改〈中华人民共和国劳动法〉等七部法律的决定》第四次修正。《职业病防治法》分总则、前期预防、劳动过程中的防护与管理、职业病诊断与职业病病人保障、监督检查、法律责任、附则，共7章88条。

《职业病防治法》的主要内容包括：

（一）关于立法目的及职业病防治管理的基本制度

基于我国职业病危害的严重性，本法将预防、控制和消除职业

---

① 为方便读者阅读，本书中法律法规名称均使用简称。

病危害作为首要的立法目的。职业病防治工作坚持预防为主、防治结合的方针，建立用人单位负责、行政机关监管、行业自律、职工参与和社会监督的机制，实行分类管理、综合治理。国家实行职业卫生监督制度及职业病防治的监督管理体制。

（二）关于职业病的前期预防工作

用人单位有履行职业病防治工作的义务，国家建立职业病危害项目的申报制度，用人单位应当及时、如实申报危害项目，接受政府部门的监督。对于可能产生职业病危害的建设项目，国家实行预评价制度。

（三）关于用人单位在劳动过程中对职业病的防护与管理制度

用人单位应当采取职业病防治管理措施和承担资金投入责任，劳动者享有职业卫生保护权利并采取个人防护措施，用人单位在与劳动者订立劳动合同时必须履行职业病危害告知义务，劳动者有获得职业卫生教育培训、职业健康检查、职业病诊疗等的权利。职业卫生技术服务机构需要接受卫生行政部门的监督检查。

（四）关于职业病诊断、鉴定制度与职业病病人的保障的规定

职业病诊断应当由取得《医疗机构执业许可证》的医疗卫生机构承担。用人单位、劳动者以及有关机构在职业病诊断、鉴定过程中应当如实提供材料。职业病病人依法享有职业病待遇、医疗和生活等方面的救助以及民事赔偿的权利。

（五）关于职业卫生监督管理部门对职业病防治工作监督检查的规定

国务院职业卫生监督管理部门和县级以上地方各级人民政府职业卫生监督管理部门，代表国家对职业病防治工作进行监督管理。职业卫生监督执法人员依法执行职务，被检查单位应当接受检查并予以支持配合。

（六）关于建设单位、用人单位、医疗卫生机构、职业卫生技术服务机构、职业卫生监督管理部门、地方人民政府、职业病诊断鉴定委员会组成人员等有关单位、部门和人员违反本法和相关法律规定所应承担法律责任的具体规定

上述主体违反本法规定，由有关主管部门依法对其作出处理。其中造成重大职业病危害事故或者其他严重后果，构成犯罪的，依法追究其刑事责任。

《职业病防治法》涉及的法律法规主要包括《宪法》《劳动法》《劳动合同法》《工会法》《安全生产法》《社会保险法》《刑法》《工伤保险条例》等。

中华人民共和国职业病防治法

（2001年10月27日第九届全国人民代表大会常务委员会第二十四次会议通过　根据2011年12月31日第十一届全国人民代表大会常务委员会第二十四次会议《关于修改〈中华人民共和国职业病防治法〉的决定》第一次修正　根据2016年7月2日第十二届全国人民代表大会常务委员会第二十一次会议《关于修改〈中华人民共和国节约能源法〉等六部法律的决定》第二次修正　根据2017年11月4日第十二届全国人民代表大会常务委员会第三十次会议《关于修改〈中华人民共和国会计法〉等十一部法律的决定》第三次修正　根据2018年12月29日第十三届全国人民代表大会常务委员会第七次会议《关于修改〈中华人民共和国劳动法〉等七部法律的决定》第四次修正）

第一章　总　　则

第一条　【立法目的及立法根据】[①]为了预防、控制和消除职业病危害，防治职业病，保护劳动者健康及其相关权益，促进经济社会发展，根据宪法，制定本法。

条文注释[②]

本条是关于本法立法目的和立法根据的规定。

---

①②　条文主旨、条文注释为编者所加，仅供参考。下同。

基于我国职业病危害的严重性，本法将预防、控制和消除职业病危害作为首要的立法目的。所谓职业病危害，是指对从事职业活动的劳动者可能导致职业病的各种危害。预防，是指为控制和消除职业病危害而采取的一切措施，包括前期预防和劳动过程中所采取的预防措施。控制，是指为保证工作场所职业病危害因素的浓度或者强度符合国家职业卫生标准和要求，把职业病发生的可能性降到最低程度。

第二条　【适用范围及职业病定义】本法适用于中华人民共和国领域内的职业病防治活动。

本法所称职业病，是指企业、事业单位和个体经济组织等用人单位的劳动者在职业活动中，因接触粉尘、放射性物质和其他有毒、有害因素而引起的疾病。

职业病的分类和目录由国务院卫生行政部门会同国务院劳动保障行政部门制定、调整并公布。

条文注释

本条是关于本法适用范围和职业病定义的规定。

本法采用的是属地原则，不管当事人是本国人还是外国人，只要从事职业病防治活动的单位和人员的行为发生在本国领域内就适用本法。

职业病适用的主体，仅限于企业、事业单位和个体经济组织等用人单位的劳动者。除以上主体外，产生职业病危害的，按照本法第八十六条的规定，其职业病防治活动可以参照本法执行。中国人民解放军参照执行本法的办法，由国务院、中央军事委员会制定。

我国现有职业病包括职业性尘肺病及其他呼吸系统疾病、职业性化学中毒、职业性放射性疾病、物理因素所致职业病、职业性皮肤病、职业性传染病、职业性眼病、职业性耳鼻喉口腔疾病、职业性肿瘤、其他职业病等 10 大类共 132 种。

第三条　【方针、机制和管理原则】职业病防治工作坚持预防为主、防治结合的方针，建立用人单位负责、行政机关监管、行业自律、职工参与和社会监督的机制，实行分类管理、综合治理。

条文注释

本条是关于职业病防治工作的方针、机制和管理原则的规定。

用人单位负责是职业病防治机制的首要方面。本条中的分类管理是指按照职业病危害因素的种类、性质、毒性、危害程度及对人体健康造成的损害后果确定类别，采取不同的管理方法。其主要内容有：建设项目分类管理，职业病危害项目申报制度，职业病危害因素分类管理，对从事放射性、高毒等作业实行特殊管理，对职业病按分类和目录实行管理。

关联法规

《安全生产法》第3、4条

《工作场所职业卫生管理规定》

第四条　【职业卫生保护权】劳动者依法享有职业卫生保护的权利。

用人单位应当为劳动者创造符合国家职业卫生标准和卫生要求的工作环境和条件，并采取措施保障劳动者获得职业卫生保护。

工会组织依法对职业病防治工作进行监督，维护劳动者的合法权益。用人单位制定或者修改有关职业病防治的规章制度，应当听取工会组织的意见。

条文注释

本条是关于劳动者职业卫生保护权利和工会组织对职业病防治工作进行监督的规定。

劳动者享有的职业卫生保护权利包括：(1)有要求用人单位提供符合防治职业病要求的职业病防护设施和个人使用的职业病防

护用品及改善工作条件的权利；(2)有了解工作场所产生或者可能产生的职业病危害因素、危害后果和应当采取的职业病防护措施的权利；(3)有获得职业卫生教育、培训的权利；(4)有获得职业健康检查、职业病诊疗、康复等职业病防治服务的权利；(5)有索取本人职业健康监护档案复印件的权利；(6)有对违反职业病防治法律、法规以及危及生命健康的行为提出批评、检举和控告的权利；(7)有拒绝违章指挥和强令进行没有职业病防护措施的作业的权利；(8)有参与用人单位职业卫生工作的民主管理，对职业病防治工作提出意见和建议的权利等。

工会组织依法代表劳动者与用人单位签订劳动安全卫生专项集体合同；与用人单位就劳动者反映的有关职业病防治的问题进行协调并督促解决；对用人单位违反职业病防治法律、法规，侵犯劳动者合法权益的行为，有权要求纠正；产生严重职业病危害时，有权要求采取防护措施；发现危及劳动者生命健康的情形时，有权向用人单位建议组织劳动者撤离危险现场等。

关联法规

《宪法》第42、45条

《工会法》第6、22～26条

《安全生产法》第6、7条

《国家职业卫生标准管理办法》

第五条 【用人单位防治责任】用人单位应当建立、健全职业病防治责任制，加强对职业病防治的管理，提高职业病防治水平，对本单位产生的职业病危害承担责任。

条文注释

本条是关于用人单位防治责任的规定。

职业病防治责任制，是指用人单位内部按照法定代表人（或负责人）总负责，部门分工负责和岗位各负其责而建立的一种责任体系和责任保证制度。用人单位的职业病防治责任是由其在职业病防治工作中所处的地位和作用决定的，由于一切职业活动都是以用人单位为基础组织的，用人单位对其职业活动处于支配地位，因此成为本单位职业病危害的责任主体。用人单位对本单位产生的职业病危害承担的责任包括行政责任、民事责任和刑事责任。

第六条 【主要责任人】用人单位的主要负责人对本单位的职业病防治工作全面负责。

条文注释

本条是关于用人单位的主要负责人对职业病防治工作负责的规定。

用人单位的主要负责人主要有以下两种：一是对于公司制的企业，按照《公司法》的规定，有限责任公司和股份有限公司的主要负责人应当是公司董事长和经理（总经理、首席执行官或者其他实际履行经理职责的企业负责人）；二是对于非公司制的企业，主要负责人为企业的厂长、经理、矿长等企业行政“一把手”。

单位主要负责人的具体责任包括：设置或者指定职业卫生管理机构或者组织，配备专职或者兼职的职业卫生管理人员，负责本单位的职业病防治工作；制定职业病防治计划和实施方案；建立、健全职业卫生管理制度和操作规程；建立、健全职业卫生档案和劳动者健康监护档案；建立、健全工作场所职业病危害因素监测及评价制度；建立、健全职业病危害事故应急救援预案；保障职业病防治所需的资金投入，不得将其挤占、挪用。

关联法规

《安全生产法》第5条

第七条 【工伤保险】用人单位必须依法参加工伤保险。

国务院和县级以上地方人民政府劳动保障行政部门应当加强对工伤保险的监督管理，确保劳动者依法享受工伤保险待遇。

条文注释

本条是关于用人单位必须依法参加工伤保险和劳动保障行政

部门应当加强对工伤保险监督管理的规定。

工伤保险，是指通过社会统筹，建立工伤保险基金，对保险范围内的劳动者因在职业活动中所发生的工伤、职业病，造成劳动者暂时或永久丧失劳动能力以及因此死亡时，劳动者或其遗属能够得到必要的物质补偿和服务的社会保障制度。用人单位应当按照本单位职工工资总额，根据社会保险经办机构确定的费率缴纳工伤保险费。按照《社会保险法》的规定，因工伤发生的下列费用，按照国家规定从工伤保险基金中支付：治疗工伤的医疗费用和康复费用；住院伙食补助费；到统筹地区以外就医的交通食宿费；安装配置伤残辅助器具所需费用；生活不能自理的，经劳动能力鉴定委员会确认的生活护理费；一次性伤残补助金和一至四级伤残职工按月领取的伤残津贴；终止或者解除劳动合同时，应当享受的一次性医疗补助金；因工死亡的，其遗属领取的丧葬补助金、供养亲属抚恤金和因工死亡补助金；劳动能力鉴定费。

关联法规

《社会保险法》第33、35、36、38、39条

《安全生产法》第51、52条

《工伤保险条例》第2、5条

第八条　【在技术、工艺、设备、材料上控制职业病】国家鼓励和支持研制、开发、推广、应用有利于职业病防治和保护劳动者健康的新技术、新工艺、新设备、新材料，加强对职业病的机理和发生规律的基础研究，提高职业病防治科学技术水平；积极采用有效的职业病防治技术、工艺、设备、材料；限制使用或者淘汰职业病危害严重的技术、工艺、设备、材料。

国家鼓励和支持职业病医疗康复机构的建设。

关联法规

《安全生产法》第18、38条

第九条 【职业卫生监督制度】国家实行职业卫生监督制度。

国务院卫生行政部门、劳动保障行政部门依照本法和国务院确定的职责,负责全国职业病防治的监督管理工作。国务院有关部门在各自的职责范围内负责职业病防治的有关监督管理工作。

县级以上地方人民政府卫生行政部门、劳动保障行政部门依据各自职责,负责本行政区域内职业病防治的监督管理工作。县级以上地方人民政府有关部门在各自的职责范围内负责职业病防治的有关监督管理工作。

县级以上人民政府卫生行政部门、劳动保障行政部门(以下统称职业卫生监督管理部门)应当加强沟通,密切配合,按照各自职责分工,依法行使职权,承担责任。

条文注释

本条是关于职业卫生监督制度和职业病防治监督管理体制的规定。

职业卫生监督制度,是指由法律授权的国家机关对全国的职业卫生工作依法实施的具有国家强制力的监督,是一种国家监督制度。职业卫生监督制度是职业卫生监督管理的基本制度,包括各种管理方法、手段、程序和职业卫生要求。职业卫生监督,包括职业病危害前期预防监督、劳动过程中防护与管理的监督、职业病诊断与职业病病人保障监督、职业卫生执法监督。

职业病防治监督管理体制,是指国家对职业病防治工作实施监督管理所采取的组织形式和基本制度,它是国家有关职业病防治法律、法规和方针、政策得以贯彻执行的组织保障和制度保障。生产过程作业场所职业病预防、职业病诊断治疗、职业病病人社会保障三个环节的监督管理工作主要由卫生行政部门、劳动保障行政部门负责。

第十条 【职业病防治规划】国务院和县级以上地方人民政府应当制定职业病防治规划，将其纳入国民经济和社会发展计划，并组织实施。

县级以上地方人民政府统一负责、领导、组织、协调本行政区域的职业病防治工作，建立健全职业病防治工作体制、机制，统一领导、指挥职业卫生突发事件应对工作；加强职业病防治能力建设和服务体系建设，完善、落实职业病防治工作责任制。

乡、民族乡、镇的人民政府应当认真执行本法，支持职业卫生监督管理部门依法履行职责。

第十一条 【宣传教育】县级以上人民政府职业卫生监督管理部门应当加强对职业病防治的宣传教育，普及职业病防治的知识，增强用人单位的职业病防治观念，提高劳动者的职业健康意识、自我保护意识和行使职业卫生保护权利的能力。

条文注释

本条是关于职业病防治宣传教育的规定。

职业病防治宣传教育的对象主要是用人单位和劳动者。县级以上人民政府职业卫生监督管理部门是加强职业病防治宣传教育的主体。职业病防治宣传教育应侧重于职业病防治法律、法规、劳动纪律方面的教育；职业病防治的科学技术知识教育；职业病防治设施、设备、防护用品及防治措施的教育；典型案例教育等。通过教育达到普及职业病防治知识、增强用人单位的职业病防治观念、提高劳动者的职业健康意识和自我保护意识、促使劳动者提高行使职业卫生保护权利的能力等目的。

第十二条　【国家职业卫生标准的制定与公布】有关防治职业病的国家职业卫生标准，由国务院卫生行政部门组织制定并公布。

国务院卫生行政部门应当组织开展重点职业病监测和专项调查，对职业健康风险进行评估，为制定职业卫生标准和职业病防治政策提供科学依据。

县级以上地方人民政府卫生行政部门应当定期对本行政区域的职业病防治情况进行统计和调查分析。

条文注释

本条是关于国家职业卫生标准的制定及卫生行政部门对职业病防治情况进行统计、调查分析的规定。

国家职业卫生标准，是指根据《职业病防治法》的规定，按照预防、控制和消除职业病危害，防治职业病，保护劳动者健康及其相关权益的实际需要，由法律授权的部门对国家职业病防治的技术要求作出的统一规范。

为了制定有效可行的职业病防治政策，有针对性、有重点地开展职业病防治工作，2011 年修正《职业病防治法》时增加规定，县级以上地方人民政府卫生行政部门应当定期对本行政区域的职业病防治情况进行统计和调查分析，为预防、控制和消除职业病危害，制定科学合理的政策措施，有效监督管理职业病防治工作提供基础依据。

关联法规

《劳动法》第 57 条

第十三条　【社会监督和奖励】任何单位和个人有权对违反本法的行为进行检举和控告。有关部门收到相关的检举和控告后，应当及时处理。

对防治职业病成绩显著的单位和个人，给予奖励。

条文注释

本条是关于对违反本法的行为实行社会监督和对有突出贡献者给予奖励的规定。

本条中的有关部门主要是指各级人民政府的卫生行政部门、劳动保障行政部门，同时也包括其他负有职业病防治监督工作职责的部门。有关部门对属于自己监管职责范围内的违法行为，应当及时查处；如果经查证发现违法行为不存在的，应当及时向检举人、控告人说明事实情况；对不属于自己监管职责范围内的违法行为，应当告知检举人、控告人向负有监管职责的部门反映，或者主动通报有关部门；对下级主管部门的行政不作为，应当责令下级主管部门立即履行法定职责，必要时可以直接代为查处；对有关部门工作人员渎职、贪污受贿，构成犯罪的，要依法追究刑事责任。

关联法规

《安全生产法》第 74 条

第二章　前期预防

第十四条　【用人单位承担职业病预防工作】用人单位应当依照法律、法规要求，严格遵守国家职业卫生标准，落实职业病预防措施，从源头上控制和消除职业病危害。

条文注释

本条是关于用人单位承担职业病预防工作的规定。

本条强调了用人单位在预防职业病防治体系中的重要作用。用人单位是职业病预防工作的关键所在，应当依照法律、法规履行职责，这里所指的法律、法规，既包括《职业病防治法》，也包括《劳动法》《安全生产法》《社会保险法》等法律以及涉及职业病防治工作的相关法规。

关联法规

《安全生产法》第11条

第十五条　【职业卫生要求】产生职业病危害的用人单位的设立除应当符合法律、行政法规规定的设立条件外，其工作场所还应当符合下列职业卫生要求：

（一）职业病危害因素的强度或者浓度符合国家职业卫生标准；

（二）有与职业病危害防护相适应的设施；

（三）生产布局合理，符合有害与无害作业分开的原则；

（四）有配套的更衣间、洗浴间、孕妇休息间等卫生设施；

（五）设备、工具、用具等设施符合保护劳动者生理、心理健康的要求；

（六）法律、行政法规和国务院卫生行政部门关于保护劳动者健康的其他要求。

条文注释

本条是关于产生职业病危害的用人单位设立时，其工作场所应当符合职业卫生要求的规定。

本条中的用人单位包括企业、事业单位和个体经济组织等，根据其组织形式，在设立时除应当符合《公司法》《合伙企业法》《个人独资企业法》等法律的规定外，对于产生职业病危害的用人单位，其工作场所还应当符合本条规定的特殊要求。

关联法规

《劳动法》第53条

《安全生产法》第20条

第十六条　【危害项目申报制度】国家建立职业病危害项目申报制度。

用人单位工作场所存在职业病目录所列职业病的危害因素的,应当及时、如实向所在地卫生行政部门申报危害项目,接受监督。

职业病危害因素分类目录由国务院卫生行政部门制定、调整并公布。职业病危害项目申报的具体办法由国务院卫生行政部门制定。

条文注释

本条是关于职业病危害项目申报制度的规定。

为了加强对产生职业病危害项目的监督,保护劳动者的合法权益,国家确立职业病危害项目的申报制度十分必要。用人单位申报职业病危害项目时,应当提交《职业病危害项目申报表》和以下文件、资料:(1)用人单位的基本情况;(2)工作场所职业病危害因素种类、分布情况以及接触人数;(3)法律、法规和规章规定的其他文件、资料。用人单位应当按照要求如实申报以上信息,并及时向所在地县级卫生行政部门申报职业病危害项目。

关联法规

《职业病危害项目申报办法》

第十七条　【建设项目职业病危害预评价制度】新建、扩建、改建建设项目和技术改造、技术引进项目(以下统称建设项目)可能产生职业病危害的,建设单位在可行性论证阶段应当进行职业病危害预评价。

医疗机构建设项目可能产生放射性职业病危害的,建设单位应当向卫生行政部门提交放射性职业病危害预评价报告。卫生行政部门应当自收到预评价报告之日起三十日内,作出审核决定并书面通知建设单位。未提交预评价报告或者预评价报告未经卫生行政部门审核同意的,不得开工建设。

职业病危害预评价报告应当对建设项目可能产生的职业病危害因素及其对工作场所和劳动者健康的影响作出评价,确定危害类别和职业病防护措施。

建设项目职业病危害分类管理办法由国务院卫生行政部门制定。

条文注释

本条是关于建设项目职业病危害预评价制度的规定。

建设项目职业病危害预评价,是在建设项目前期根据建设项目可行性研究报告或者初步设计报告的内容,运用科学的评价方法,依据法律、法规及相关标准,分析、预测该建设项目存在的有害因素和危害程度,并提出科学、合理、可行的职业病防治技术措施和管理对策。建设项目职业病危害预评价是政府部门对建设项目进行职业病防治管理的主要依据。

2011 年修改的《职业病防治法》,明确了安全生产监督管理部门在建设项目职业病危害预评价监管中的职责。2016 年修正后的《职业病防治法》对本条第一款的内容再次作出修改,删除建设单位应当向安全生产监督管理部门提交职业病危害预评价报告以及安全生产监督管理部门的审核程序和未经审核有关部门不得批准相关建设项目的规定。

本条第二款是2016 年修改《职业病防治法》时新增加的内容。此次修改只涉及一般建设项目职业病危害的预评价,对医疗机构放射性职业病危害的预评价,仍需要向卫生行政部门提交放射性职业病危害预评价报告。卫生行政部门应当自收到预评价报告之日起30 日内,作出审核决定并书面通知建设单位。

第十八条 【建设项目职业病防护设施制度】建设项目的职业病防护设施所需费用应当纳入建设项目工程预算，并与主体工程同时设计，同时施工，同时投入生产和使用。

建设项目的职业病防护设施设计应当符合国家职业卫生标准和卫生要求；其中，医疗机构放射性职业病危害严重的建设项目的防护设施设计，应当经卫生行政部门审查同意后，方可施工。

建设项目在竣工验收前，建设单位应当进行职业病危害控制效果评价。

医疗机构可能产生放射性职业病危害的建设项目竣工验收时，其放射性职业病防护设施经卫生行政部门验收合格后，方可投入使用；其他建设项目的职业病防护设施应当由建设单位负责依法组织验收，验收合格后，方可投入生产和使用。卫生行政部门应当加强对建设单位组织的验收活动和验收结果的监督核查。

条文注释

本条是关于建设项目职业病防护设施"三同时"制度、职业病防护设施设计的审查制度和职业病危害控制效果评价制度的规定。

职业病防护设施，是指为了保护劳动者健康，治理职业病危害，预防职业病发生，在职业病防治工作中所采取的措施。本条第一款中的"三同时"制度便是为了保证在建设职业病防护设施时有足够资金的投入和保障而作出的规定。我国对职业病危害建设项目实行分类管理，将可能产生职业病危害的建设项目分为职业病危害轻微、职业病危害一般和职业病危害严重三类。职业病危害控制效果评价报告的主要内容包括建设项目及其试运行概况，职业病危害控制效果评价的依据、范围和内容，建设项目生产过程中存在的职业病危害因素确定及职业病危害程度评价，职业病危害防护措施的实施情况及效果评价，评价结论及建议等。

2011 年修正后的《职业病防治法》将负责建设项目职业病防护

设施设计审查和验收工作的部门由卫生行政部门调整为安全生产监督管理部门，从法律上明确了安全生产监督管理部门在建设项目职业病防护设施设计审查和竣工验收工作中的职责。

2016年修改后的《职业病防治法》取消了安全生产监督管理部门对建设项目防护设施设计审查及竣工验收核准的两项行政审批。同时保留了卫生行政部门对医疗机构放射性职业病危害严重的建设项目的防护设施设计和医疗机构可能产生放射性职业病危害的建设项目竣工验收的审查职责。

第十九条　【特殊管理】国家对从事放射性、高毒、高危粉尘等作业实行特殊管理。具体管理办法由国务院制定。

条文注释

本条是关于国家对从事特殊职业危害作业管理的规定。

2011年《职业病防治法》修正，将高危粉尘也纳入了特殊管理的范围。高危粉尘包括石棉粉尘、含游离二氧化硅10%以上的粉尘、金属粉尘和焊接烟尘。高危粉尘对作业人员的危害十分严重，是诱发尘肺病的主要因素。所以，对高危粉尘进行特殊管理有利于从根本上解决尘肺病高发的问题。

第三章　劳动过程中的防护与管理

第二十条　【职业病防治管理措施】用人单位应当采取下列职业病防治管理措施：

（一）设置或者指定职业卫生管理机构或者组织，配备专职或者兼职的职业卫生管理人员，负责本单位的职业病防治工作；

（二）制定职业病防治计划和实施方案；

（三）建立、健全职业卫生管理制度和操作规程；
（四）建立、健全职业卫生档案和劳动者健康监护档案；
（五）建立、健全工作场所职业病危害因素监测及评价制度；
（六）建立、健全职业病危害事故应急救援预案。

条文注释

本条是关于用人单位应当采取的职业病防治管理措施的规定。

用人单位必须设置或者指定一个职业卫生管理机构或者组织，具体负责职业病防治工作，同时根据本单位的实际情况，制定出具体的职业病防治计划以及落实职业病防治计划的实施方案，将职业卫生管理作为一项制度建立并予以完善。职业卫生档案主要包括用人单位基本情况，职业有害因素分布，职业病危害因素日常监测和检测、评价结果，职业病防护设施的设置、运转和效果，职业健康检查的组织和检查结果及评价，职业病人处理、安置情况等内容。劳动者健康监护档案主要包括劳动者职业史、既往史和职业病危害接触史，相应作业场所职业病危害因素监测结果，职业健康检查结果及处理情况，职业病诊疗等相关个人健康资料。

第二十一条　【保障资金投入】用人单位应当保障职业病防治所需的资金投入，不得挤占、挪用，并对因资金投入不足导致的后果承担责任。

条文注释

本条是关于用人单位应当保障职业病防治资金投入的规定。

为了保证用人单位在建设与职业病危害防护相适应的设施时有一定的资金保障，本法在2011年修正时增加规定，“用人单位应当保障职业病防治所需的资金投入”，以确保劳动者在职业活动中受到保护，确保预防和减少职业病危害的物质保障。本条是落实用人单位职业病防治责任制的重要内容。本条所称的挤占，主要是指将职业病防治所需资金之外的基本建设项目资金或者其他开支计入职业病防治资金项目支出的行为；挪用，主要是指将计划内的职业病防治所需资金用于与职业病防治无关的其他项目、其他日常开支或者借给他人使用的行为。

关联法规

《安全生产法》第23条

第二十二条 【提供职业病防护用品】用人单位必须采用有效的职业病防护设施，并为劳动者提供个人使用的职业病防护用品。

用人单位为劳动者个人提供的职业病防护用品必须符合防治职业病的要求；不符合要求的，不得使用。

条文注释

本条是关于用人单位必须采用有效的职业病防护设施，并为劳动者提供符合防治职业病要求的防护用品的规定。

职业病防护设施，是指以控制或者消除生产过程中产生的职业病危害因素为目的，采用通风净化系统或者采用吸除、阻隔等工程技术手段控制工作场所产生的有毒有害物质，以阻止职业病危害因素对劳动者健康影响的一切技术措施。其主要包括用于防尘、防毒、防噪声、防振动、防暑降温、防寒、防潮、防非电离辐射（高频、微波、视频）、防电离辐射、防生物危害等职业病防护设施。

职业病防护用品，是指为保障劳动者在职业活动中免受职业病危害因素对其健康的影响，对机体暴露在有职业病危害因素作业环境的部位进行相应保护的装置和设备。

第二十三条 【职业有害因素替代制度】用人单位应当优先采用有利于防治职业病和保护劳动者健康的新技术、新工艺、新设备、新材料，逐步替代职业病危害严重的技术、工艺、设备、材料。

条文注释

本条是关于对职业有害因素实行替代制度的规定。

替代制度是预防、控制和消除职业病危害的重要手段。职业有害因素的替代制度，是指如果有一种危险因素可以被另一种安全因素所替代时，则该种危险因素就不允许以任何理由在工作场所中使用；如果有一种危险因素需要在工作场所中使用，同时又存在另一种作用相当的危害较小的危险因素时，则应当用后者代替前者。根据本条规定，新技术、新工艺、新设备和新材料与原有的技术、工艺、设备和材料相比，必须有利于防治职业病并且能够保护劳动者健康。此外，替代制度的实施还需要考虑技术上的合理性和经济上的可行性。

第二十四条 【职业病公告和警示】产生职业病危害的用人单位，应当在醒目位置设置公告栏，公布有关职业病防治的规章制度、操作规程、职业病危害事故应急救援措施和工作场所职业病危害因素检测结果。

对产生严重职业病危害的作业岗位，应当在其醒目位置，设置警示标识和中文警示说明。警示说明应当载明产生职业病危害的种类、后果、预防以及应急救治措施等内容。

条文注释

本条是关于产生职业病危害的用人单位应当在醒目位置公布有关职业病防治内容或者作出必要的警示说明的规定。

公告内容包括：有关职业病防治的法律、法规、规章；用人单位内部管理工作制度和各种形式的责任制度；用人单位为保证本单位的生产、工作能够安全、稳定、有效运转而制定的相关人员在操作设备或办理业务时必须遵循的程序或步骤；发生职业病危害事故或者产生急性职业健康损伤时所采取的救治和援助措施，包括立即控制、制止造成职业病危害事故原因的一些紧急措施；以及本法第二十六条第二款中规定的，用人单位按照国务院卫生行政部门的规定，定期对工作场所进行的职业病危害因素检测、评价。

警示内容包括：对从事职业活动的劳动者可能导致职业病的各种危害，包括粉尘危害、毒物危害、放射性危害、高温等物理危害、炭疽杆菌等生物因素危害以及新技术、新材料带来的职业病危害等；容易导致哪一种职业病及应当采取何种正确的预防职业病的措施；发生职业病危害事故或产生急性职业健康损伤时，劳动者应当采取的紧急避险和急救措施；其他人对遭受职业健康损伤的人的抢救、急救和帮助措施，包括立即控制、制止造成职业病危害事故原因的一些紧急措施。

第二十五条　【职业病防护设备、应急救援设施和个人使用的职业病防护用品】对可能发生急性职业损伤的有毒、有害工作场所，用人单位应当设置报警装置，配置现场急救用品、冲洗设备、应急撤离通道和必要的泄险区。

对放射工作场所和放射性同位素的运输、贮存，用人单位必须配置防护设备和报警装置，保证接触放射线的工作人员佩戴个人剂量计。

对职业病防护设备、应急救援设施和个人使用的职业病防护用品，用人单位应当进行经常性的维护、检修，定期检测其性能和效果，确保其处于正常状态，不得擅自拆除或者停止使用。

条文注释

本条是关于对可能发生急性职业损伤的有毒、有害工作场所和放射工作场所应当设置必要的防护设施以及对职业病防护设施使用要求的规定。

急性职业损伤是指在劳动过程中，由于某些职业病危害因素的作用，使人体在几小时或几天内发生明显的损伤。现场急救用品包括发生事故时急救人员所用的个人职业病防护用品以及对被救者施救所需的急救用品。冲洗设备主要是指在有腐蚀性、刺激性化学物质，可能发生皮肤黏膜或眼睛烧灼伤的工作场所应当配备的冲眼器、流动水龙头以及冲淋设备等。

职业病防护设备、应急救援设施和个人使用的职业病防护用品，如果因检修需要临时拆除或者停止使用的，应当采取临时防护措施，并向劳动者配发替代防护用品，检修后及时恢复原状。

关联法规

《放射性同位素与射线装置安全和防护条例》第34条

第二十六条 【对职业病危害因素监测、检测、评价及治理】用人单位应当实施由专人负责的职业病危害因素日常监测，并确保监测系统处于正常运行状态。

用人单位应当按照国务院卫生行政部门的规定，定期对工作场所进行职业病危害因素检测、评价。检测、评价结果存入用人单位职业卫生档案，定期向所在地卫生行政部门报告并向劳动者公布。

职业病危害因素检测、评价由依法设立的取得国务院卫生行政部门或者设区的市级以上地方人民政府卫生行政部门按照职责分工给予资质认可的职业卫生技术服务机构进行。职业卫生技术服务机构所作检测、评价应当客观、真实。

发现工作场所职业病危害因素不符合国家职业卫生标准和卫生要求时，用人单位应当立即采取相应治理措施，仍然达不到国家职业卫生标准和卫生要求的，必须停止存在职业病危害因素的作业；职业病危害因素经治理后，符合国家职业卫生标准和卫生要求的，方可重新作业。

条文注释

本条是关于对用人单位职业病危害因素监测、检测、评价及治理的规定。

职业病危害因素，包括职业活动中存在的各种有害的化学、物理、生物因素以及在作业过程中产生的其他职业有害因素。职业病危害因素的监测，主要是由用人单位监测职业病危害因素的浓度或者强度是否符合国家职业卫生标准。职业病危害因素检测、评价则应由用人单位委托社会上具有政府卫生行政部门给予资质认可的职业卫生技术服务机构进行。用人单位应当提供检测所需要的相关资料，由接受委托的职业卫生技术服务机构依据采样规范对用人单位作业场所进行现场调查，实验室出具检测结果报告，对检测结果作出评价，形成完整的检测、评价报告书。用人单位还应当将检测、评价的结果定期向所在地的卫生行政部门报告，同时也应当向劳动者公布。

第二十七条　【卫生行政部门的监督职责】职业卫生技术服务机构依法从事职业病危害因素检测、评价工作，接受卫生行政部门的监督检查。卫生行政部门应当依法履行监督职责。

条文注释

本条是关于职业卫生技术服务机构应当接受卫生行政部门监督检查的规定。

职业卫生技术服务机构，是指为建设项目提供职业病危害预评价、职业病危害控制效果评价，或者为用人单位提供职业病危害因素检测、职业卫生现状评价、职业病防护设施与职业病防护用品效果评价等技术服务的机构。国家对职业卫生技术服务机构实行资质认可制度。

卫生行政部门依法履行以下监督职责：(1)对职业卫生技术服务机构进行资质管理，明确各级资质的条件和审定程序，加强对取得资质证书的职业卫生技术服务机构的实际执业能力的监督检查；(2)对职业卫生技术服务机构及其从业人员的从业行为进行管理，明确职业卫生技术服务机构及其从业人员依法独立开展职业卫生技术服务活动的行为规范，明确职业卫生检测与评价技术服务的收费，对职业卫生技术服务机构的服务效率和服务质量进行监督检查。

第二十八条 【设备警示说明】向用人单位提供可能产生职业病危害的设备的，应当提供中文说明书，并在设备的醒目位置设置警示标识和中文警示说明。警示说明应当载明设备性能、可能产生的职业病危害、安全操作和维护注意事项、职业病防护以及应急救治措施等内容。

条文注释

本条是关于向用人单位提供可能产生职业病危害的设备应符合法定要求的规定。

本条主要是对那些提供可能产生职业病危害的设备生产商、经销商、进口商等特别规定的告知义务。用人单位在采购可能产生职业病危害的设备时，也应当有意识地主动向供应商索取设备说明书和涉及设备性能、可能产生的职业病危害、安全操作和维护注意事项、职业病防护以及应急救治措施等内容的相关文件。其中，可能产生的职业病危害，是指产生哪一种或哪几种职业病危害，以便使用者能够采取相应的防护措施。安全操作和维护注意事项，是指安全操作该设备以及正确使用、维护该设备，使该设备能够处于良好的运行状态所应当注意的问题。职业病防护措施，是指为保护劳动者健康，治理职业病危害，预防职业病的发生而采取的一切有效措施和方法的总称。应急救治措施，是指发生职业病危害事故或者产生急性职业健康损伤时，对遭受职业健康损伤的人的抢救、急救措施，包括立即控制、制止造成职业病危害事故原因的一些紧急措施。

第二十九条 【化学材料及放射性物品应符合法定要求】向用人单位提供可能产生职业病危害的化学品、放射性同位素和含有放射性物质的材料的，应当提供中文说明书。说明书应当载明产品特性、主要成份、存在的有害因素、可能产生的危害后果、安全使用注意事项、职业病防护以及应急救治措施等内容。产品包装应当有醒目的警示标识和中文警示说明。贮存上述材料的场所应当在规定的部位设置危险物品标识或者放射性警示标识。

国内首次使用或者首次进口与职业病危害有关的化学材料，使用单位或者进口单位按照国家规定经国务院有关部门批准后，应当向国务院卫生行政部门报送该化学材料的毒性鉴定以及经有关部门登记注册或者批准进口的文件等资料。

进口放射性同位素、射线装置和含有放射性物质的物品的，按照国家有关规定办理。

条文注释

本条是关于向用人单位提供可能产生职业病危害的化学材料及放射性物品应符合法定要求的规定。

可能产生职业病危害材料的生产商、经销商、进口商，在向用人单位提供该类材料时具有告知义务。可能产生职业病危害的化学品，是指可能具有毒害、腐蚀、爆炸、燃烧、助燃等性质，对人体、设施、环境具有危害的剧毒化学品和其他化学品。放射性同位素，是指具有不稳定原子核、能自发性产生放射蜕变的同位核素。含有放射性物质的材料，是指用放射性物质制成的能产生辐射照射的物质或实体。化学品毒性鉴定报告书的内容主要包括化学品的名称、主要成分及其含量、理化特征、工艺流程、分析方法、毒性。化学品的毒性可分为急性毒性、亚急性毒性、亚慢性毒性及慢性毒性。

关联法规

《放射性同位素与射线装置安全和防护条例》第 16 ~ 18 条

《危险化学品安全管理条例》第 66、67 条

《化学品首次进口及有毒化学品进出口环境管理规定》第 6 条

《化学品毒性鉴定管理规范》

第三十条 【明令禁止使用】任何单位和个人不得生产、经营、进口和使用国家明令禁止使用的可能产生职业病危害的设备或者材料。

条文注释

本条是关于禁止生产、经营、进口和使用国家明令禁止使用的可能产生职业病危害的设备或者材料的规定。

如果违反本条规定，要依照本法第七十五条的规定，由卫生行政部门责令限期治理，并处5万元以上30万元以下的罚款；情节严重的，责令停止产生职业病危害的作业，或者提请有关人民政府按照国务院规定的权限责令关闭。

第三十一条 【不得违法转移或接受产生职业病危害的作业】任何单位和个人不得将产生职业病危害的作业转移给不具备职业病防护条件的单位和个人。不具备职业病防护条件的单位和个人不得接受产生职业病危害的作业。

条文注释

本条是关于不得违法转移或接受产生职业病危害的作业的规定。

将产生职业病危害的作业转移给其他单位或个人承包时，首先应确认接受该产生职业病危害作业的单位或者个人具备职业病防护条件，应当在转移协议书上清楚载明职业卫生专项工作要求，包括工序、存在职业病危害因素的种类、防护设施及个人防护用品配置、职业病危害因素的定期检测及其作业人员的定期职业健康检查等。作业承接必须符合区域生态功能定位，严禁国家明令淘汰的落后生产能力和高耗能、高排放等不符合国家产业政策的项目转入。接受作业转移的单位和个人要根据国家有关法律、法规规定，结合生产作业中存在的职业病危害因素，建设与之相适应的防护设施，给劳动者发放个人防护用品，设计科学的作业流程，制定安全的作业规范，建立职业健康监护制度，最大限度地保障劳动者健康安全作业。

第三十二条 【知悉职业病危害】用人单位对采用的技术、工艺、设备、材料，应当知悉其产生的职业病危害，对有职业病危害的技术、工艺、设备、材料隐瞒其危害而采用的，对所造成的职业病危害后果承担责任。

条文注释

本条是关于用人单位对采用的技术、工艺、设备、材料所产生的职业病危害应当知悉，对隐瞒职业病危害所造成的职业病危害后果承担责任的规定。

知悉职业病危害，是预防和管理的前提。用人单位在采用技术、工艺、设备、材料过程中要加强对劳动者的保护措施，隐瞒采用有职业病危害的技术、工艺、设备、材料，实际上是对劳动者的一种侵害，用人单位应当对因此所造成的职业病危害后果承担责任，即：由卫生行政部门责令限期治理，并处5万元以上30万元以下的罚款；情节严重的，责令停止产生职业病危害的作业，或者提请有关人民政府按照国务院规定的权限责令关闭。此外，危害情况和后果严重的，用人单位还应承担相关的民事赔偿责任和刑事责任。

第三十三条 【告知职业病危害】用人单位与劳动者订立劳动合同（含聘用合同，下同）时，应当将工作过程中可能产生的职业病危害及其后果、职业病防护措施和待遇等如实告知劳动者，并在劳动合同中写明，不得隐瞒或者欺骗。

劳动者在已订立劳动合同期间因工作岗位或者工作内容变更，从事与所订立劳动合同中未告知的存在职业病危害的作业时，用人单位应当依照前款规定，向劳动者履行如实告知的义务，并协商变更原劳动合同相关条款。

用人单位违反前两款规定的，劳动者有权拒绝从事存在职业病危害的作业，用人单位不得因此解除与劳动者所订立的劳动合同。

条文注释

本条是关于用人单位在与劳动者订立劳动合同时必须依法履行职业病危害告知义务，违反告知义务应承担相应责任的规定。

用人单位招用劳动者时，应当如实告知劳动者工作内容、工作条件、工作地点、职业危害、安全生产状况、劳动报酬以及劳动者要求了解的其他情况。工作过程中可能产生的职业病危害及其后果，是用人单位在劳动合同中必须告知劳动者的内容，如此规定是为了维护劳动者的知情权，保护劳动者的身体健康。因工作岗位的变更，使劳动者从事的是原劳动合同中没有告知的存在职业病危害的作业时，用人单位应当向劳动者履行职业病危害的告知义务，如实告知劳动者工作过程中可能产生的职业病危害及其后果、职业病防护措施等情况，不得隐瞒或者欺骗。

关联法规

《劳动合同法》第3、8、17、42条

第三十四条　【职业卫生培训】用人单位的主要负责人和职业卫生管理人员应当接受职业卫生培训，遵守职业病防治法律、法规，依法组织本单位的职业病防治工作。

用人单位应当对劳动者进行上岗前的职业卫生培训和在岗期间的定期职业卫生培训，普及职业卫生知识，督促劳动者遵守职业病防治法律、法规、规章和操作规程，指导劳动者正确使用职业病防护设备和个人使用的职业病防护用品。

劳动者应当学习和掌握相关的职业卫生知识，增强职业病防范意识，遵守职业病防治法律、法规、规章和操作规程，正确使用、维护职业病防护设备和个人使用的职业病防护用品，发现职业病危害事故隐患应当及时报告。

劳动者不履行前款规定义务的，用人单位应当对其进行教育。

条文注释

本条是关于用人单位的主要负责人、职业卫生管理人员、劳动者接受职业卫生培训、依法开展职业病防治工作的规定。

用人单位的主要负责人和职业卫生管理人员是否具有职业病防治的观念、职业病防治的有关知识以及职业病防治的管理水平，是用人单位搞好职业病防治工作的关键。职业卫生培训，是指针对有关作业环境对劳动者健康的影响，提出改善作业环境、保护劳动者健康、防治职业病危害、预防职业病发生的业务知识和操作技能的教育和培训。

关联法规

《劳动法》第3、55、68条

《安全生产法》第28、58条

第三十五条 【职业健康检查】对从事接触职业病危害的作业的劳动者，用人单位应当按照国务院卫生行政部门的规定组织上岗前、在岗期间和离岗时的职业健康检查，并将检查结果书面告知劳动者。职业健康检查费用由用人单位承担。

用人单位不得安排未经上岗前职业健康检查的劳动者从事接触职业病危害的作业；不得安排有职业禁忌的劳动者从事其所禁忌的作业；对在职业健康检查中发现有与所从事的职业相关的健康损害的劳动者，应当调离原工作岗位，并妥善安置；对未进行离岗前职业健康检查的劳动者不得解除或者终止与其订立的劳动合同。

职业健康检查应当由取得《医疗机构执业许可证》的医疗卫生机构承担。卫生行政部门应当加强对职业健康检查工作的规范管理，具体管理办法由国务院卫生行政部门制定。

条文注释

本条是关于职业健康检查制度的规定。

职业健康检查，是职业健康监护制度的重要内容。用人单位通过上岗前、在岗期间和离岗时的职业健康检查,及时发现职业禁忌症、劳动者的健康损害以及劳动者离开工作岗位时的健康状况,以分清健康损害的责任,特别是依照本法规定所要承担的民事赔偿责任。检查的内容为评价劳动者在离开工作岗位时的健康变化是否与职业病危害因素有关。

关联法规

《劳动法》第54条

《劳动合同法》第42条

《职业健康检查管理办法》

第三十六条 【职业健康监护档案】用人单位应当为劳动者建立职业健康监护档案,并按照规定的期限妥善保存。

职业健康监护档案应当包括劳动者的职业史、职业病危害接触史、职业健康检查结果和职业病诊疗等有关个人健康资料。

劳动者离开用人单位时,有权索取本人职业健康监护档案复印件,用人单位应当如实、无偿提供,并在所提供的复印件上签章。

条文注释

本条是关于职业健康监护档案的规定。

职业健康监护档案,是有关职业健康监护内容的文字或者图表等形式的历史记录,是劳动者健康的客观记录,也是人民法院审理劳动者健康权益案件的物证。它是职业健康监护制度的重要内容,也是职业病诊断鉴定的重要依据之一。用人单位在建立职业健康监护档案时,应当根据有关规定对职业健康监护档案的内容作进一步细化。当劳动者离开用人单位索取职业健康监护档案复印件时,用人单位不能拒绝,也不能向劳动者提出不合理的要求或附加条件。用人单位不能为了逃避责任,对职业健康监护档案进行篡改、伪造、隐瞒或者提供虚假的职业健康监护档案。为了确认所提供的职业健康监护档案的效力,用人单位应当在所提供的职业健康监护档案的复印件上签字、盖章,这是用人单位应当履行的法定义务。

第三十七条　【急性职业病危害事故的应急救援和控制措施】发生或者可能发生急性职业病危害事故时，用人单位应当立即采取应急救援和控制措施，并及时报告所在地卫生行政部门和有关部门。卫生行政部门接到报告后，应当及时会同有关部门组织调查处理；必要时，可以采取临时控制措施。卫生行政部门应当组织做好医疗救治工作。

对遭受或者可能遭受急性职业病危害的劳动者，用人单位应当及时组织救治、进行健康检查和医学观察，所需费用由用人单位承担。

条文注释

本条是关于发生或者可能发生急性职业病危害事故时，用人单位、卫生行政部门对事故和劳动者应当如何处理的规定。

急性职业病危害事故，是指存在于工作场所的职业病危害因素由于某种意外原因对劳动者造成的突发的职业损伤。在劳动过程中发生或者有可能发生急性职业病危害事故时，用人单位应当立即采取措施；对于尚未发生但有可能发生的事故，也要积极采取措施，避免危害事故的发生。接到报告的卫生行政部门，应当及时会同有关部门尽快到达事故现场，调查、分析事故原因，并对事故进行处理，不能拖延。临时控制措施包括：责令暂停导致职业病危害事故的作业；封存造成职业病危害事故或者可能导致职业病危害事故发生的材料和设备；组织控制职业病危害事故现场等。采取临时控制措施，应尽量避免或减少因采取临时控制措施所造成的损失，事故原因查清或事态得到有效控制后，要及时解除临时控制措施。

第三十八条　【对未成年工和女职工的保护】用人单位不得安排未成年工从事接触职业病危害的作业；不得安排孕期、哺乳期的女职工从事对本人和胎儿、婴儿有危害的作业。

条文注释

本条是关于未成年工和女职工劳动保护的规定。

根据《劳动法》的规定，不得安排未成年工从事矿山井下、有毒有害、国家规定的第四级体力劳动强度的劳动和其他禁忌从事的劳动。根据《未成年人保护法》的规定，任何组织或者个人依照国家有关规定招收已满16周岁的未成年人的，应当在工种、劳动时间、劳动强度和保护措施等方面执行国家有关规定，不得安排其从事过重、有毒、有害等危害未成年人身心健康的劳动或者危险作业。

根据《劳动法》的规定，国家对女职工实行特殊劳动保护。对女职工实行特殊劳动保护，是由女职工的身体结构和生理机能决定的。特别是女职工在孕期和哺乳期，必须实行特殊保护，否则，不仅影响女职工自身的身体健康，还会影响下一代的身体健康。国家规定女职工禁忌从事某些有害健康的工种，不是对女职工劳动就业条件的限制，而是以保护女职工本身的健康和其子女的正常发育成长为出发点的，是对女职工身心健康的关心。

关联法规

《劳动法》第15、58～61、63、64、94、95条

《未成年人保护法》第61条

《妇女权益保障法》第26条

第三十九条　【劳动者职业卫生保护权利】劳动者享有下列职业卫生保护权利：

（一）获得职业卫生教育、培训；

（二）获得职业健康检查、职业病诊疗、康复等职业病防治服务；

（三）了解工作场所产生或者可能产生的职业病危害因素、危害后果和应当采取的职业病防护措施；

（四）要求用人单位提供符合防治职业病要求的职业病防护设施和个人使用的职业病防护用品，改善工作条件；

（五）对违反职业病防治法律、法规以及危及生命健康的行为提出批评、检举和控告；

（六）拒绝违章指挥和强令进行没有职业病防护措施的作业；

（七）参与用人单位职业卫生工作的民主管理，对职业病防治工作提出意见和建议。

用人单位应当保障劳动者行使前款所列权利。因劳动者依法行使正当权利而降低其工资、福利等待遇或者解除、终止与其订立的劳动合同的，其行为无效。

条文注释

本条是关于劳动者享有的职业卫生保护权利的规定。

职业卫生保护，是指在职业病防治工作中，为保护劳动者健康，治理职业病危害，预防职业病发生而采取的一切有效的措施和方法的总称。用人单位有义务对劳动者进行上岗前的职业卫生培训和在岗期间的定期职业卫生培训。对从事接触职业病危害作业的劳动者，用人单位有义务按照规定组织上岗前、在岗期间和离岗时的职业健康检查。当劳动者患职业病后，用人单位应当按照国家规定安排职业病病人进行治疗、康复。劳动者职业病危害知情权主要是通过与用人单位签订的劳动合同来实现的。用人单位与劳动者签订劳动合同时，应当将工作过程中产生的职业病危害及其后果、职业病防护措施等如实告知劳动者。

关联法规

《劳动法》第52条

《安全生产法》第55条

第四十条　【工会职责】工会组织应当督促并协助用人单位开展职业卫生宣传教育和培训，有权对用人单位的职业病防治工作提出意见和建议，依法代表劳动者与用人单位签订劳动安全卫生专项集体合同，与用人单位就劳动者反映的有关职业病防治的问题进行协调并督促解决。

工会组织对用人单位违反职业病防治法律、法规，侵犯劳动者合法权益的行为，有权要求纠正；产生严重职业病危害时，有权要求采取防护措施，或者向政府有关部门建议采取强制性措施；发生职业病危害事故时，有权参与事故调查处理；发现危及劳动者生命健康的情形时，有权向用人单位建议组织劳动者撤离危险现场，用人单位应当立即作出处理。

条文注释

本条是关于工会组织在职业病防护和管理工作中的职责的规定。

2011 年修正《职业病防治法》，在“总则”第四条中增加了“工会组织依法对职业病防治工作进行监督，维护劳动者的合法权益”的规定。本条进一步明确了工会组织在职业病防护和管理工作中的督促、建议、协助职责。企业违反集体合同，侵犯职工劳动权益的，工会可以依法要求企业承担责任；因履行集体合同发生争议，经协商解决不成的，工会可以向劳动争议仲裁机构提请仲裁，仲裁机构不予受理或者对仲裁裁决不服的，可以向人民法院提起诉讼。

关联法规

《工会法》第 6、20、22 条

《安全生产法》第 60 条

第四十一条　【职业病防治费用】用人单位按照职业病防治要求，用于预防和治理职业病危害、工作场所卫生检测、健康监护和职业卫生培训等费用，按照国家有关规定，在生产成本中据实列支。

条文注释

本条是关于用人单位职业病防治费用的规定。

职业病防治工作是用人单位生产经营活动的重要组成部分，是生产过程中不可缺少的环节，因此职业病防治工作所需要的费用也属于生产成本，用人单位应当保障职业病防治所需的资金投入。新建、扩建、改建的建设项目在投入运行之前，就职业卫生防护设施以及职业卫生管理所需的经费，应按本法第十八条的规定，纳入工程预算列支。有关用人单位缴纳工伤保险费的列支，应按工伤保险的规定执行。

第四十二条　【加强监督检查】职业卫生监督管理部门应当按照职责分工，加强对用人单位落实职业病防护管理措施情况的监督检查，依法行使职权，承担责任。

条文注释

本条是关于职业卫生监督管理部门应当加强监督检查的规定。

本法所称职业卫生监督管理部门，是指县级以上人民政府卫生行政部门和劳动保障行政部门。职业卫生监督管理部门在履行监督检查职责时，应遵循以下要求：一是要依据包括本法在内的职业病防治法律、法规的规定进行，必须遵循法定职权、法定程序；二是要依据国家职业卫生标准和卫生要求，有关防治职业病的国家职业卫生标准和卫生要求，由国务院卫生行政部门制定并公布；三是要依据职责进行。本法第六十五条第一款还明确规定，职业卫生监督执法人员依法执行职务时，应当出示监督执法证件。

第四章 职业病诊断与职业病病人保障

第四十三条 【承担职业病诊断的医疗卫生机构资格】职业病诊断应当由取得《医疗机构执业许可证》的医疗卫生机构承担。卫生行政部门应当加强对职业病诊断工作的规范管理，具体管理办法由国务院卫生行政部门制定。

承担职业病诊断的医疗卫生机构还应当具备下列条件：

（一）具有与开展职业病诊断相适应的医疗卫生技术人员；

（二）具有与开展职业病诊断相适应的仪器、设备；

（三）具有健全的职业病诊断质量管理制度。

承担职业病诊断的医疗卫生机构不得拒绝劳动者进行职业病诊断的要求。

条文注释

本条是关于承担职业病诊断的医疗卫生机构资格及其应当具备的条件的规定。

本条第三款规定，承担职业病诊断的医疗卫生机构不得拒绝劳动者进行职业病诊断的要求。根据这一规定，职业病患者向承担职业病诊断的医疗卫生机构提出诊断要求后，医疗卫生机构不得以劳动者无法提供诊断所需资料为由拒绝劳动者的诊断申请；职业病诊断过程中，劳动者对用人单位提供的职业病危害因素检测资料的真实性有异议，或者用人单位无法提供职业病危害因素检测资料的，职业病诊断机构应当依据本法第四十八条的规定申请卫生行政部门作出判定或者组织进行现场调查；劳动者的劳动关系、工种、工作岗位、在岗时间等事项不明确或者双方当事人有争议的，职业病诊断机构应当告知劳动者可以依照本法第四十九条的规定申请劳动争议仲裁。在此基础上，职业病诊断机构应当根据仲裁裁决结果、患者的临床表现以及辅助检查结果等依法作出职业病诊断结论。

关联法规

《职业病诊断与鉴定管理办法》第8条

《医疗机构管理条例》第9、15条

第四十四条 【职业病诊断地】劳动者可以在用人单位所在地、本人户籍所在地或者经常居住地依法承担职业病诊断的医疗卫生机构进行职业病诊断。

条文注释

本条是关于劳动者可以选择哪些地方的职业病诊断机构进行职业病诊断的规定。

用人单位所在地,即用人单位的住所地。劳动者的户籍所在地是指劳动者在户口登记机关登记的住址;经常居住地是指除住院就医外,离开住所地已连续居住一年以上的地方。此外,2011年《职业病防治法》修改主要是将原条文中规定的“本人居住地”修改为“本人户籍所在地或者经常居住地”,对本人居住地的含义作了进一步的明确。

第四十五条 【相关法规制定】职业病诊断标准和职业病诊断、鉴定办法由国务院卫生行政部门制定。职业病伤残等级的鉴定办法由国务院劳动保障行政部门会同国务院卫生行政部门制定。

条文注释

本条是关于授权国务院有关主管部门制定职业病诊断标准和职业病诊断、鉴定办法以及职业病伤残等级鉴定办法的规定。

职业病诊断、鉴定办法是职业病诊断、鉴定工作的规范依据,其为职业病诊断、鉴定活动的顺利开展提供制度保障。职业病是工伤的一种,用人单位必须依法参加工伤保险,职业病病人的诊疗、康复费用,伤残以及丧失劳动能力的职业病病人的社会保障,按照国家有关工伤保险的规定执行。丧失劳动能力的职业病病人享受伤残待遇,应当事先进行职业病伤残等级鉴定。考虑到职业病伤残等级鉴定既涉及医学问题,也涉及工伤保险待遇的支付问题,因此本条规定,职业病伤残等级的鉴定办法由国务院劳动保障行政部门会同国务院卫生行政部门制定。劳动能力鉴定是指劳动功能障碍程度和生活自理障碍程度的等级鉴定。劳动功能障碍分为十个伤残等级,最重的为一级,最轻的为十级。生活自理障碍分为三个等级:生活完全不能自理、生活大部分不能自理和生活部分不能自理。

关联法规

《社会保险法》第 36 条

《工伤保险条例》第 4 章

《职业病诊断与鉴定管理办法》

第四十六条　【职业病诊断因素】职业病诊断,应当综合分析下列因素:

(一)病人的职业史;

(二)职业病危害接触史和工作场所职业病危害因素情况;

(三)临床表现以及辅助检查结果等。

没有证据否定职业病危害因素与病人临床表现之间的必然联系的,应当诊断为职业病。

职业病诊断证明书应当由参与诊断的取得职业病诊断资格的执业医师签署,并经承担职业病诊断的医疗卫生机构审核盖章。

条文注释

本条是关于职业病诊断应当综合分析的因素以及有关诊断程序的规定。

病人的职业史,是指职业病病人从事过的职业及从业期限。职业病危害接触史,是指劳动者接触职业病危害的种类以及接触的时间长短。工作场所职业病危害因素情况,是指工作场所中存在的各种有害的化学、物理、生物因素以及在作业过程中产生的其他职业有害因素，既包括有害因素的类型，也包括有害因素的强度或者浓度。工作场所职业病危害因素是职业病产生的客观条件，没有职业病危害因素，不可能产生职业病；有职业病危害因素，但是劳动者没有接触史，也不可能产生职业病，所以职业病诊断时需要综合分析这两种因素。

2011年修正《职业病防治法》时删去了原第四十二条第二款中有关"排除其他致病因素"的要求，规定只要没有证据否定职业病危害因素与病人临床表现之间的必然联系的，就应当诊断为职业病。

关联法规

《职业病诊断与鉴定管理办法》第20条

《职业病危害因素分类目录》

第四十七条　【提供资料及协助调查义务】用人单位应当如实提供职业病诊断、鉴定所需的劳动者职业史和职业病危害接触史、工作场所职业病危害因素检测结果等资料；卫生行政部门应当监督检查和督促用人单位提供上述资料；劳动者和有关机构也应当提供与职业病诊断、鉴定有关的资料。

职业病诊断、鉴定机构需要了解工作场所职业病危害因素情况时，可以对工作场所进行现场调查，也可以向卫生行政部门提出，卫生行政部门应当在十日内组织现场调查。用人单位不得拒绝、阻挠。

条文注释

本条是关于用人单位、劳动者和有关机构应当提供职业病诊断、鉴定所需资料，以及职业病诊断、鉴定机构进行现场调查的规定。

劳动者应当提供的资料包括劳动者掌握的劳动关系证明以及其他有关材料，如劳动者保存的劳动合同、在用人单位领取工资的证明等。有关机构应当提供的材料包括卫生行政部门掌握的工作场所职业病危害因素检测、评价资料以及劳动保障行政部门掌握的用人单位的用工情况等。职业病诊断、鉴定机构不能因为劳动者无法提供上述有关资料而拒绝受理职业病诊断、鉴定申请。在诊断、鉴定机构受理申请后，劳动者的劳动关系无法确认的，或者劳动者与用人单位之间对劳动者所从事的工种、工作岗位、工作时间等事项有争议的，诊断机构应当告知劳动者可以依照本法第四十九条的规定通过劳动仲裁或者诉讼确认劳动关系。

关联法规

《职业病诊断与鉴定管理办法》第21条

第四十八条　【对用人单位不提供资料等情况的处理】职业病诊断、鉴定过程中，用人单位不提供工作场所职业病危害因素检测结果等资料的，诊断、鉴定机构应当结合劳动者的临床表现、辅助检查结果和劳动者的职业史、职业病危害接触史，并参考劳动者的自述、卫生行政部门提供的日常监督检查信息等，作出职业病诊断、鉴定结论。

劳动者对用人单位提供的工作场所职业病危害因素检测结果等资料有异议，或者因劳动者的用人单位解散、破产，无用人单位提供上述资料的，诊断、鉴定机构应当提请卫生行政部门进行调查，卫生行政部门应当自接到申请之日起三十日内对存在异议的资料或者工作场所职业病危害因素情况作出判定；有关部门应当配合。

条文注释

本条是关于用人单位不提供工作场所职业病危害因素检测结果等资料、劳动者对用人单位提供的上述资料有异议，以及因种种原因导致无用人单位提供上述资料时如何作出诊断、鉴定的规定。

定期对工作场所进行职业病危害因素检测、评价是用人单位的一项法定义务。为使诊断、鉴定程序能够进一步进行，有必要由卫生行政部门进行调查；原用人单位的工作场所已经不存在的，卫生行政部门也可以通过查阅有关历史资料，或者调查该地区同类企业的工作场所进行对比，从而确定劳动者曾经工作的用人单位工作场所的职业病危害情况。

第四十九条　【申请仲裁或依法起诉】职业病诊断、鉴定过程中，在确认劳动者职业史、职业病危害接触史时，当事人对劳动关系、工种、工作岗位或者在岗时间有争议的，可以向当地的劳动人事争议仲裁委员会申请仲裁；接到申请的劳动人事争议仲裁委员会应当受理，并在三十日内作出裁决。

当事人在仲裁过程中对自己提出的主张，有责任提供证据。劳动者无法提供由用人单位掌握管理的与仲裁主张有关的证据的，仲裁庭应当要求用人单位在指定期限内提供；用人单位在指定期限内不提供的，应当承担不利后果。

劳动者对仲裁裁决不服的，可以依法向人民法院提起诉讼。

用人单位对仲裁裁决不服的，可以在职业病诊断、鉴定程序结束之日起十五日内依法向人民法院提起诉讼；诉讼期间，劳动者的治疗费用按照职业病待遇规定的途径支付。

条文注释

本条是关于职业病诊断、鉴定过程中当事人对劳动关系、工种、工作岗位或者在岗时间有争议时如何处理的规定。

根据《劳动争议调解仲裁法》的规定，因确认劳动关系发生的争议以及因工作时间、休息休假、社会保险、福利、培训以及劳动保护发生的争议等，可以依法申请调解或者仲裁。与《劳动争议调解仲裁法》的规定相比，本条进一步将劳动关系具体化为工种、工作岗位，原因主要是这些内容与职业病诊断、鉴定工作密切相关，只有通过仲裁确定具体的工种、工作岗位和在岗时间，劳动者在工作过程中的职业病危害接触史才能更加准确地确定下来。

本条第三款、第四款对劳动者与用人单位不服仲裁裁决的救济途径作了区别规定，主要是为了在职业病诊断、鉴定过程中，保障处于弱势地位的职业病病人能够及时得到诊断并享受相关的职业病待遇。与《劳动争议调解仲裁法》规定不同的是，对用人单位而言，只能在诊断、鉴定程序结束之日起15日内提起诉讼，由此避免了因诉讼程序久拖不决而影响劳动者及时得到诊断。

关联法规

《劳动争议调解仲裁法》第2、39、50条

第五十条 【报告义务】用人单位和医疗卫生机构发现职业病病人或者疑似职业病病人时，应当及时向所在地卫生行政部门报告。确诊为职业病的，用人单位还应当向所在地劳动保障行政部门报告。接到报告的部门应当依法作出处理。

条文注释

本条是关于用人单位和医疗卫生机构的报告义务以及接到报告的部门的职责的规定。

职业病报告义务的主体是用人单位和医疗卫生机构。医疗卫生机构包括接诊急性职业病的综合医疗卫生机构和专门承担职业病诊断治疗的医疗卫生机构。用人单位和医疗卫生机构不得以劳动者尚未完成指定工作、正在接受相关的健康检查或正在进行诊断等理由而不向有关部门履行报告义务。向所在地劳动保障行政部门报告，主要是为以后对职业病病人进行劳动能力鉴定、开展工伤保险待遇的支付等工作提供相应的信息。

第五十一条 【职业病统计报告管理】县级以上地方人民政府卫生行政部门负责本行政区域内的职业病统计报告的管理工作，并按照规定上报。

条文注释

本条是关于职业病统计报告管理的规定。

县级以上地方人民政府卫生行政部门应按本条规定，指定专门机构负责职业病报告及职业病统计报告的管理工作。职业病统计

报告实行归口管理，各级卫生行政部门负责本行政区域内的职业病报告统计管理工作，并指定同级的职业病防治机构或疾病预防控制机构具体承办常规职业病报告统计工作。职业病报告实行以地方为主逐级上报的办法，不论是隶属国务院各部门的中央企业，还是地方的企、事业单位发生的职业病，一律由用人单位所在地区的卫生监督机构统一汇总上报。此外，关于职业病危害事故的报告，按照《突发公共卫生事件应急条例》《放射事故管理规定》《突发公共卫生事件与传染病疫情监测信息报告管理办法》等有关规定进行报告。

关联法规

《劳动法》第57条

第五十二条　【职业病诊断鉴定和再鉴定】当事人对职业病诊断有异议的，可以向作出诊断的医疗卫生机构所在地地方人民政府卫生行政部门申请鉴定。

职业病诊断争议由设区的市级以上地方人民政府卫生行政部门根据当事人的申请，组织职业病诊断鉴定委员会进行鉴定。

当事人对设区的市级职业病诊断鉴定委员会的鉴定结论不服的，可以向省、自治区、直辖市人民政府卫生行政部门申请再鉴定。

条文注释

本条是关于职业病诊断鉴定和再鉴定的规定。

当事人对职业病诊断的异议包括对职业病诊断的程序、结论等问题的不同看法。提出异议的当事人既可以是劳动者一方，也可以是用人单位一方。为便于当事人就近主张权利，降低权利救济的成本，对于职业病的诊断鉴定实行地域管辖。当事人申请职业病诊断鉴定，应当在接到职业病诊断证明书之日起30日内提出，并提交职业病诊断鉴定申请书、职业病诊断证明书和申请诊断时应当提供的职业史、职业健康检查结果等材料，以及鉴定委员会要求提供的其他材料。其中鉴定申请书的内容包括对职业病诊断异议的书面陈述和申辩理由。接受申请的职业病诊断鉴定办事机构应当自收到申请资料之日起10日内完成材料审核，对材料齐全的发给受理通知书，材料不齐全的通知当事人补充。

我国职业病诊断鉴定实行两级鉴定制度，包括设区的市级职业病诊断鉴定委员会鉴定和省级职业病诊断鉴定委员会鉴定。设区的市级卫生行政部门组织的职业病诊断鉴定委员会负责职业病诊断争议的首次鉴定。当事人对首次鉴定不服的，可以在接到职业病诊断鉴定书之日起15日内，向原鉴定机构所在地的省、自治区、直辖市人民政府卫生行政部门申请再鉴定。省级职业病诊断鉴定委员会的鉴定为最终鉴定。

关联法规

《职业病诊断与鉴定管理办法》第34、35条

第五十三条 【职业病诊断鉴定委员会组成和诊断、鉴定费用承担】职业病诊断鉴定委员会由相关专业的专家组成。

省、自治区、直辖市人民政府卫生行政部门应当设立相关的专家库，需要对职业病争议作出诊断鉴定时，由当事人或者当事人委托有关卫生行政部门从专家库中以随机抽取的方式确定参加诊断鉴定委员会的专家。

职业病诊断鉴定委员会应当按照国务院卫生行政部门颁布的职业病诊断标准和职业病诊断、鉴定办法进行职业病诊断鉴定，向当事人出具职业病诊断鉴定书。职业病诊断、鉴定费用由用人单位承担。

条文注释

本条是关于职业病诊断鉴定委员会组成，鉴定委员会专家确定，鉴定依据和诊断、鉴定费用的规定。

专家库应当包括：职业中毒诊断专家库；尘肺病诊断专家库；物

理因素职业病诊断专家库;职业性放射病诊断专家库;职业卫生管理人员专家库。职业病诊断鉴定委员会组成人数为5人以上单数,鉴定委员会设主任委员1名,由鉴定委员会成员推举产生。在特殊情况下,可以组织在本地区以外的专家库中随机抽取相关专业的专家参加鉴定。职业病诊断鉴定委员会还可以邀请其他专家参加职业病诊断鉴定,邀请的专家可以提出技术意见、提供有关资料,但不参与鉴定结论的表决。鉴定结论以鉴定委员会成员的过半数通过。职业病诊断、鉴定的费用一般包括:必要的诊断、鉴定取证费;诊断、鉴定过程中所必需的交通费;诊断、鉴定过程中的一些资料费用等。

关联法规

《职业病诊断与鉴定管理办法》第38~41条

第五十四条　【诊断鉴定委员会成员道德和纪律要求】职业病诊断鉴定委员会组成人员应当遵守职业道德,客观、公正地进行诊断鉴定,并承担相应的责任。职业病诊断鉴定委员会组成人员不得私下接触当事人,不得收受当事人的财物或者其他好处,与当事人有利害关系的,应当回避。

人民法院受理有关案件需要进行职业病鉴定时,应当从省、自治区、直辖市人民政府卫生行政部门依法设立的相关的专家库中选取参加鉴定的专家。

条文注释

本条是关于职业病诊断鉴定委员会组成人员履行职责时应当遵守的基本准则和人民法院选取参加鉴定的专家的规定。

根据本法第八十一条的规定,职业病诊断鉴定委员会组成人员收受职业病诊断争议当事人的财物或者其他好处的,给予警告,没收收受的财物,可以并处3000元以上5万元以下的罚款,取消其担任职业病诊断鉴定委员会组成人员的资格,并从省、自治区、直辖市人民政府卫生行政部门设立的专家库中予以除名。

职业病诊断鉴定委员会组成人员与当事人有利害关系的应自

行回避，当事人也有权以书面或口头的方式申请其回避。利害关系一般包括两类：一是与当事人有某种亲属关系，如夫、妻、父、母、子、女及同胞兄弟姐妹等；二是存在其他利害关系，如与本案当事人有亲密、隶属的关系，有可能影响公正处理案件的。为体现再鉴定程序对于首次鉴定的复查和监督功能，参加首次鉴定的专家不应参加对同一个职业病诊断的再鉴定。参加过职业病诊断的医疗卫生机构的人员，被聘为职业病鉴定专家库专家的，也不应参与对同一病例的鉴定和再鉴定。

关联法规

《职业病诊断与鉴定管理办法》第42、58条

第五十五条 【疑似职业病病人的发现及诊断】医疗卫生机构发现疑似职业病病人时，应当告知劳动者本人并及时通知用人单位。

用人单位应当及时安排对疑似职业病病人进行诊断；在疑似职业病病人诊断或者医学观察期间，不得解除或者终止与其订立的劳动合同。

疑似职业病病人在诊断、医学观察期间的费用，由用人单位承担。

条文注释

本条是关于疑似职业病病人的发现及诊断的规定。

对有些职业病作出诊断，需要较长的诊断观察时间，在医疗卫生机构疑诊为职业病而没有最后确诊前，患病病人称为疑似职业病病人。有下列情况之一者，可视为疑似职业病病人：一是劳动者所患疾病或健康损害表现与其所接触的职业病危害因素的关系不能排除的；二是在同一工作环境中，同时或短期内发生两例或两例以上健康损害表现相同或相似病例，病因不明确，又不能以常见病、传染病、地方病等群体性疾病解释的；三是同一工作环境中已发现职业病病人，其他劳动者出现相似健康损害表现的；四是职业健康检

查机构、职业病诊断机构依据职业病诊断标准,认为需要作进一步检查、医学观察或诊断性治疗以明确诊断的;五是劳动者已出现职业病危害因素造成的健康损害表现,但未达到职业病诊断标准规定的诊断条件,而健康损害还可能继续发展的。疑似职业病病人诊断、医学观察期间的费用通常包括:工作场所职业流行病学调查费用、健康损害体检费用、实验室检验费用、诊断性治疗费用及住院费等。

关联法规

《劳动合同法》第42条

第五十六条　【职业病待遇】用人单位应当保障职业病病人依法享受国家规定的职业病待遇。

用人单位应当按照国家有关规定,安排职业病病人进行治疗、康复和定期检查。

用人单位对不适宜继续从事原工作的职业病病人,应当调离原岗位,并妥善安置。

用人单位对从事接触职业病危害的作业的劳动者,应当给予适当岗位津贴。

条文注释

本条是关于职业病病人待遇和用人单位有关义务的规定。

本条中的康复包括医学康复、职业康复和教育康复。医学康复,是康复最重要的内容之一,也是使职业病病人全面康复的基础;职业康复,包括通过就业咨询、就业能力测定、就业前的职业教育与训练、就业安置等工作,最终使职业病病人能切实达到从事某项适合本人能力的工作岗位的要求,它是为职业病病人考虑工作和职业问题的有关措施之一;教育康复包括对智力、能力、听力语言残疾者所进行的特殊教育等。

第五十七条　【社会保障】职业病病人的诊疗、康复费用，伤残以及丧失劳动能力的职业病病人的社会保障，按照国家有关工伤保险的规定执行。

条文注释

本条是关于职业病病人的诊断治疗、康复费用等有关社会保障按国家有关工伤保险的规定执行的规定。

工伤保险是劳动者在工作中或在规定的特殊情况下，遭受意外伤害或患职业病导致暂时或永久丧失劳动能力以及死亡时，劳动者或其遗属从国家和社会获得物质帮助的一种社会保险制度。职业病病人享受工伤保险待遇的具体内容包括：工伤医疗待遇、停工留薪待遇以及伤残待遇。职业病病人在治疗过程中，享受工伤医疗待遇，所需费用符合工伤保险诊疗项目目录、工伤保险药品目录、工伤保险住院服务标准的，从工伤保险基金支付；住院治疗的伙食补助费以及经医疗机构出具证明、报经办机构同意、到统筹地区以外就医所需的交通、食宿费用从工伤保险基金支付。作出认定为工伤的决定后发生行政复议、行政诉讼的，复议和诉讼期间不停止支付职业病病人的医疗费用。职业病病人需要暂停工作接受工伤医疗的，在停工留薪期内，享受正常工作期间标准的工资福利，由所在单位按月支付。停工留薪期一般不超过12个月，其中伤情严重或者情况特殊，经设区的市级劳动能力鉴定委员会确认，可以适当延长，但延长不得超过12个月。

关联法规

《社会保险法》第38～40条

《工伤保险条例》第30、33～37条

第五十八条　【赔偿】职业病病人除依法享有工伤保险外，依照有关民事法律，尚有获得赔偿的权利的，有权向用人单位提出赔偿要求。

条文注释

本条是关于职业病病人有权要求民事赔偿的规定。

本条规定了“先工伤，后民事”的赔偿模式。职业病病人，在获得工伤保险补偿后，可以就未获得补偿的部分再向用人单位提出赔偿主张。这种赔偿是从民事侵权的角度提出赔偿请求，侵权责任赔偿的范围以补足劳动者的实际损失为限，也就是采取补充赔偿的模式。职业病病人向用人单位提出民事赔偿请求，遭受拒绝的，可以向人民法院起诉。职业病诊断和鉴定属于归因性诊断，已经表明劳动者的损害事实与职业岗位的关系，因果关系明确。如果用人单位存在不遵守有关法律法规的规定，职业病防治措施不健全、不到位，则属于职业危害场所形成的特殊侵权，应当适用无过错归责原则，即只要不是受害人故意，侵权人就应当承担民事责任。

关联法规

《安全生产法》第 56、116 条

第五十九条　【用人单位责任承担】劳动者被诊断患有职业病，但用人单位没有依法参加工伤保险的，其医疗和生活保障由该用人单位承担。

条文注释

本条是关于没有参加工伤保险的用人单位承担职业病病人医疗和生活保障义务的规定。

用人单位依法参加工伤保险的，劳动者被诊断患有职业病，依据工伤保险的有关规定享受相应的待遇。但如果用人单位没有为职工参加工伤保险，那么其应当承担职业病病人的医疗和生活保障。承担的具体标准，应当比照本法和工伤保险法规规定的有关待遇标准执行，以保证职业病病人能得到及时救治，并能够满足其基本生活需求。

第六十条　【职业病病人变动工作和用人单位变动】职业病病人变动工作单位，其依法享有的待遇不变。

用人单位在发生分立、合并、解散、破产等情形时，应当对从事接触职业病危害的作业的劳动者进行健康检查，并按照国家有关规定妥善安置职业病病人。

条文注释

本条是关于职业病病人的待遇保障和在用人单位发生分立、合并、解散、破产等情形时应当妥善安置职业病病人的规定。

用人单位必须依法参加工伤保险，职业病病人变动工作岗位，其工伤保险关系也随之转移、接续，所以，从工伤保险统筹的角度看，其享受职业病待遇的标准不受影响。在用人单位发生变更后，用人单位对从事接触职业病危害作业的劳动者进行健康检查的主要目的，是对劳动者在单位发生变更时的健康状况进行一个阶段性的记录，以便能对职业病危害因素与劳动者患病之间的因果关系进行迅速认定，避免因时间拖延使责任难以认定。按照国家有关规定妥善安置职业病病人，是指继续安排好对职业病病人的诊断、治疗、康复，使职业病病人获得应有的生活保障等。

关联法规

《宪法》第 45 条

《企业破产法》第 113 条

《工伤保险条例》第 43 条

第六十一条　【申请医疗生活救助】用人单位已经不存在或者无法确认劳动关系的职业病病人，可以向地方人民政府医疗保障、民政部门申请医疗救助和生活等方面的救助。

地方各级人民政府应当根据本地区的实际情况，采取其他措施，使前款规定的职业病病人获得医疗救治。

条文注释

本条是关于对用人单位已经不存在或者无法确认劳动关系的职业病病人进行救助的规定。

社会救助是社会保障制度的重要组成部分，在保障贫困群体基本生活、维护困难群众基本生活权益、维护社会稳定方面发挥着重要作用。目前的社会救助主要包括城市低保制度、农村低保制度（农村五保供养和农村特困救助）、城乡医疗救助制度、临时救济制度、社会互助制度等内容。

第五章 监督检查

第六十二条 【监督检查部门】县级以上人民政府职业卫生监督管理部门依照职业病防治法律、法规、国家职业卫生标准和卫生要求，依据职责划分，对职业病防治工作进行监督检查。

条文注释

本条是关于职业卫生监督管理部门履行监督检查职责的规定。

职业卫生监督管理部门监督检查，是指国务院职业卫生监督管理部门和县级以上地方各级人民政府职业卫生监督管理部门，代表国家对职业病防治工作进行监督管理的行政执法活动，是职业卫生监督管理部门的重要职责。职业卫生监督管理部门包括卫生行政部门和劳动保障行政部门。职业卫生监督管理部门监督检查是一种执法行为和行政法律行为。监督检查主体要对这种后果负法律责任。监督检查对象对监督检查处理不服的，可以依法提起行政复议或者行政诉讼。

第六十三条 【监督措施】卫生行政部门履行监督检查职责时,有权采取下列措施:

(一)进入被检查单位和职业病危害现场,了解情况,调查取证;

(二)查阅或者复制与违反职业病防治法律、法规的行为有关的资料和采集样品;

(三)责令违反职业病防治法律、法规的单位和个人停止违法行为。

条文注释

本条是关于卫生行政部门履行监督检查职责时可以采取的行政措施的规定。

卫生行政部门进入被检查单位或者职业病危害现场时,应当按照一定的程序采取适当的方式进行监督检查,包括出示执法证件、具有两名以上执法人员、制作笔录、相关人员在笔录上签字盖章等。卫生行政部门依法查阅、复制文件和采集样品时,被检查的单位或者个人必须如实提供,不得拒绝、转移、销毁或者篡改有关文件和资料,不得提供虚假的文件和资料。同时,卫生行政部门执行该项措施时,不得滥用该项权力查阅、复制与职业卫生监督检查无关的信息,对因此获知的被检查单位的商业秘密信息应当保密,非因法定原因,不得泄露。

行政措施由卫生行政部门行使,检查具有强制性。被检查单位和个人应当予以配合,不得拒绝或者阻挠。采集样品必须符合要求,不得要求被检查单位和个人提供与工作场所职业病危害不相关的样品,不得任意扩大检查的范围和内容等。发现问题应及时采取相关措施,不得超越法律赋予的权限,采用法律未允许采用的其他强制措施。卫生行政部门违法采取措施,造成当事人财产损失的,应当承担赔偿责任。

第六十四条 【临时控制措施】发生职业病危害事故或者有证据证明危害状态可能导致职业病危害事故发生时，卫生行政部门可以采取下列临时控制措施：

（一）责令暂停导致职业病危害事故的作业；

（二）封存造成职业病危害事故或者可能导致职业病危害事故发生的材料和设备；

（三）组织控制职业病危害事故现场。

在职业病危害事故或者危害状态得到有效控制后，卫生行政部门应当及时解除控制措施。

条文注释

本条是关于在发生职业病危害事故或者有证据证明危害状态可能导致职业病危害事故发生时，卫生行政部门可以采取的临时控制措施的规定。

生产经营单位发生职业病危害事故，应当及时向所在地卫生行政部门和有关部门报告，并采取有效措施，减少或者消除职业病危害因素，防止事故扩大。对遭受职业病危害的从业人员，及时组织救治，并承担所需费用。生产经营单位及其从业人员不得迟报、漏报、谎报或者瞒报职业病危害事故。发生职业病危害事故的，卫生行政部门应当依照有关规定组织事故的调查处理。

卫生行政部门采取临时控制措施，需符合以下条件：一是发生了职业病危害事故，比如已经导致有关人员伤亡、患病等；二是有证据证明危害状态可能导致职业病危害事故发生，比如，经过检测职业病危害因素严重超过国家规定的标准，或者因使用管理不当，发生有毒气体和化学品泄漏、放射源丢失，危及劳动者生命健康或对社会可能造成危害，如果不采取措施则会导致有关人员伤亡、患病等。当职业病危害事故或者危害状况得到有效控制后，如事故已妥善处理，事故隐患已经消除，已经采取了相关防范措施、危害因素已得到控制或者消除，卫生行政部门就应当及时解除相关控制措施，同时告知劳动者和用人单位及社会有关方面。在发生职业病危害事故或者造成危害状态时，有违法行为的，应依法追究责任。

第六十五条 【职业卫生监督执法人员执法行为规范】职业卫生监督执法人员依法执行职务时，应当出示监督执法证件。

职业卫生监督执法人员应当忠于职守，秉公执法，严格遵守执法规范；涉及用人单位的秘密的，应当为其保密。

条文注释

本条是关于职业卫生监督执法人员执法行为规范的规定。

职业卫生监督执法人员主要是指县级以上人民政府职业卫生监督管理部门从事职业病防治法律、法规执法监督检查任务的行政执法人员，其代表国家对违反职业病防治法律、法规的行为进行监督检查，受法律保护。职业卫生监督执法人员依法履行职责时，与行政管理相对人的关系，是管理者与被管理者之间的行政管理关系，而不是平等民事主体之间的关系。保守相关秘密主要是指职业卫生监督执法人员在执法过程中对知悉的用人单位的商业秘密、技术秘密或者国家秘密等依法履行保密的义务，不得将其泄露给与执法无关的单位和个人，以维护被检查单位和个人的合法权益不受侵害。

关联法规

《行政强制法》第18、19条

《保守国家秘密法》第3条

第六十六条 【支持配合检查】职业卫生监督执法人员依法执行职务时，被检查单位应当接受检查并予以支持配合，不得拒绝和阻碍。

第六十七条 【卫生行政部门及其职业卫生监督执法人员禁止行为】卫生行政部门及其职业卫生监督执法人员履行职责

时,不得有下列行为:

(一)对不符合法定条件的,发给建设项目有关证明文件、资质证明文件或者予以批准;

(二)对已经取得有关证明文件的,不履行监督检查职责;

(三)发现用人单位存在职业病危害的,可能造成职业病危害事故,不及时依法采取控制措施;

(四)其他违反本法的行为。

条文注释

本条是关于卫生行政部门及其职业卫生监督执法人员履行职责时的禁止行为的规定。

颁发相关证明文件和进行必要的审批是从源头上预防、控制和消除职业病危害,防治职业病,保护劳动者健康及其相关权益的需要。卫生行政部门及其职业卫生监督执法人员必须及时依法采取控制措施,如责令停止违法行为,责令暂停作业,对有关材料、设备进行必要的封存等,以防止职业病危害事故的发生。不采取措施是一种严重的违法失职行为,必须禁止。同时,禁止收受贿赂,虚报、瞒报职业病危害情况和事故,罚款超过法定要求等违法行为。

第六十八条　【职业卫生监督执法人员资格认定】职业卫生监督执法人员应当依法经过资格认定。

职业卫生监督管理部门应当加强队伍建设,提高职业卫生监督执法人员的政治、业务素质,依照本法和其他有关法律、法规的规定,建立、健全内部监督制度,对其工作人员执行法律、法规和遵守纪律的情况,进行监督检查。

第六章　法律责任

第六十九条　【建设单位法律责任】建设单位违反本法规定，有下列行为之一的，由卫生行政部门给予警告，责令限期改正；逾期不改正的，处十万元以上五十万元以下的罚款；情节严重的，责令停止产生职业病危害的作业，或者提请有关人民政府按照国务院规定的权限责令停建、关闭：

（一）未按照规定进行职业病危害预评价的；

（二）医疗机构可能产生放射性职业病危害的建设项目未按照规定提交放射性职业病危害预评价报告，或者放射性职业病危害预评价报告未经卫生行政部门审核同意，开工建设的；

（三）建设项目的职业病防护设施未按照规定与主体工程同时设计、同时施工、同时投入生产和使用的；

（四）建设项目的职业病防护设施设计不符合国家职业卫生标准和卫生要求，或者医疗机构放射性职业病危害严重的建设项目的防护设施设计未经卫生行政部门审查同意擅自施工的；

（五）未按照规定对职业病防护设施进行职业病危害控制效果评价的；

（六）建设项目竣工投入生产和使用前，职业病防护设施未按照规定验收合格的。

条文注释

本条是关于建设单位违反本法规定应当承担的法律责任的规定。

根据本条规定，建设单位违反本法规定应承担以下法律责任：

（1）警告。警告是行政处罚的一种，即由行政机关对违法行为人给予告诫，使其认识到自己的违法所在和如何改正的一种行政处罚，属于申诫罚。行政机关在实施这一处罚时，还应责令建设单位限期改正其违法行为。行政处罚的目的在于通过对违法行为人给予处罚而纠正其违法行为，使其认真遵守法律规定，保证法律在实践中顺利地贯彻执行。

（2）罚款。本条规定的罚款的处罚对象是违反了本法有关建设项目职业病危害前期预防的有关规定，并在行政机关给予警告后，在规定的期限内仍不改正其违法行为的建设单位。罚款的金额为10万元以上50万元以下，具体数额由卫生行政部门根据建设单位违法行为的情节轻重决定。

（3）责令停止产生职业病危害的作业，或者提请有关人民政府按照国务院规定的权限责令停建、关闭。这里的“责令停止产生职业病危害的作业”，是指行政机关对违反行政管理秩序的单位，限其在一定期限内停止生产或经营活动的一种行政处罚，属于行为罚。这里的“责令关闭”，是指行政机关对违反行政管理秩序的单位，依法剥夺其从事某项生产和经营活动权利的一种行政处罚。停业、停建和关闭，都是比较严厉的处罚，因此本条规定，只有当建设单位违法行为情节严重，才可以实施该项行政处罚，同时特别规定，该项行政处罚应当提请有关人民政府按照国务院规定的权限决定。

关联法规

《行政处罚法》第9、28条

第七十条　【违反防护管理规定的法律责任】违反本法规定，有下列行为之一的，由卫生行政部门给予警告，责令限期改正；逾期不改正的，处十万元以下的罚款：

（一）工作场所职业病危害因素检测、评价结果没有存档、上报、公布的；

（二）未采取本法第二十条规定的职业病防治管理措施的；

（三）未按照规定公布有关职业病防治的规章制度、操作规程、职业病危害事故应急救援措施的；

（四）未按照规定组织劳动者进行职业卫生培训，或者未对劳动者个人职业病防护采取指导、督促措施的；

（五）国内首次使用或者首次进口与职业病危害有关的化学材料，未按照规定报送毒性鉴定资料以及经有关部门登记注册或者批准进口的文件的。

条文注释

本条是关于产生职业病危害的用人单位和其他有关单位违反本法关于劳动过程中防护与管理有关规定的法律责任的规定。

卫生行政部门在实施警告时，还应责令当事人限期改正其违法行为：工作场所职业病危害因素检测、评价结果没有存档、上报、公布的，应当按照有关规定存档、上报、公布；未采取本法规定的职业病防治管理措施的，应当及时采取；未按照规定公布有关职业病防治的规章制度、操作规程、职业病危害事故应急救援措施的，应当及时公布；未按照规定组织劳动者进行职业卫生培训，或者未对劳动者个人职业病防护采取指导、督促措施的，应当及时纠正；国内首次使用或者首次进口与职业病危害有关的化学材料，未按照规定报送毒性鉴定资料以及经有关部门登记注册或者批准进口的文件的，应当及时向有关部门报送等。

2011 年修正后的《职业病防治法》将罚款数额由原来的 2 万元以下修改为 10 万元以下，主要是考虑到随着社会经济的发展，2 万元以下的罚款已经不足以遏制相关违法行为。

第七十一条　【用人单位未履行法定义务的法律责任】用人单位违反本法规定，有下列行为之一的，由卫生行政部门责令限期改正，给予警告，可以并处五万元以上十万元以下的罚款：

（一）未按照规定及时、如实向卫生行政部门申报产生职业病危害的项目的；

（二）未实施由专人负责的职业病危害因素日常监测，或者监测系统不能正常监测的；

（三）订立或者变更劳动合同时，未告知劳动者职业病危害真实情况的；

（四）未按照规定组织职业健康检查、建立职业健康监护档案或者未将检查结果书面告知劳动者的；

（五）未依照本法规定在劳动者离开用人单位时提供职业健康监护档案复印件的。

条文注释

本条是关于用人单位违反本法有关规定，未履行有关法定义务应承担的法律责任的规定。

根据本条规定，用人单位有本条规定的五项违法行为的，由卫生行政部门责令限期改正，给予警告，并可处以罚款。对于处罚数额，2011 年将原来的 2 万元以上 5 万元以下修改为 5 万元以上 10 万元以下。此外，由于实践中许多用人单位虽然为劳动者建立了职业健康监护档案，但是在劳动者离开用人单位时不依法为其提供职业健康监护档案的复印件，导致劳动者难以进行职业病鉴定。因此，在 2011 年修改《职业病防治法》时新增一项，用人单位未依照本法规定在劳动者离开用人单位时提供职业健康监护档案复印件的，卫生行政部门也可以对其进行处罚。

第七十二条　【用人单位违反强制性规定的法律责任】用人单位违反本法规定，有下列行为之一的，由卫生行政部门给予警告，责令限期改正，逾期不改正的，处五万元以上二十万元以下的罚款；情节严重的，责令停止产生职业病危害的作业，或者提请有关人民政府按照国务院规定的权限责令关闭：

（一）工作场所职业病危害因素的强度或者浓度超过国家职业卫生标准的；

（二）未提供职业病防护设施和个人使用的职业病防护用品，或者提供的职业病防护设施和个人使用的职业病防护用品不符合国家职业卫生标准和卫生要求的；

（三）对职业病防护设备、应急救援设施和个人使用的职业病防护用品未按照规定进行维护、检修、检测，或者不能保持正常运行、使用状态的；

（四）未按照规定对工作场所职业病危害因素进行检测、评价的；

（五）工作场所职业病危害因素经治理仍然达不到国家职业卫生标准和卫生要求时，未停止存在职业病危害因素的作业的；

（六）未按照规定安排职业病病人、疑似职业病病人进行诊治的；

（七）发生或者可能发生急性职业病危害事故时，未立即采取应急救援和控制措施或者未按照规定及时报告的；

（八）未按照规定在产生严重职业病危害的作业岗位醒目位置设置警示标识和中文警示说明的；

（九）拒绝职业卫生监督管理部门监督检查的；

（十）隐瞒、伪造、篡改、毁损职业健康监护档案、工作场所职业病危害因素检测评价结果等相关资料，或者拒不提供职业病诊断、鉴定所需资料的；

（十一）未按照规定承担职业病诊断、鉴定费用和职业病病人的医疗、生活保障费用的。

条文注释

本条是关于用人单位违反本法强制性规定的行为应承担法律责任的规定。

只有当用人单位违法行为情节严重，有关部门才可以对其处以停业或者关闭的处罚。责令关闭的处罚，应当提请有关人民政府按照国务院规定的权限决定。责令停业，是指停止用人单位产生职业病危害的作业，对于用人单位的其他作业，执法机关不能责令其停止。针对实践中用人单位隐瞒、伪造、篡改、毁损职业健康监护档案、工作场所职业病危害因素检测评价结果等相关资料，或者拒不提供职业病诊断、鉴定所需资料，以及未按照规定承担职业病诊断、鉴定费用和职业病病人的医疗、生活保障费用，导致劳动者缺乏足够的材料或者资金进行职业病诊断、鉴定和治疗等情况，2011年修改《职业病防治法》时专门增加了对这些违法行为进行处罚的规定。

关联法规

《职业病诊断与鉴定管理办法》第60条

第七十三条　【未履行告知义务的法律责任】向用人单位提供可能产生职业病危害的设备、材料，未按照规定提供中文说明书或者设置警示标识和中文警示说明的，由卫生行政部门责令限期改正，给予警告，并处五万元以上二十万元以下的罚款。

条文注释

本条是关于向用人单位提供可能产生职业病危害的设备、材料的供应商未按照规定履行设备材料的危害告知义务应承担的法律责任的规定。

向用人单位提供可能产生职业病危害的设备、材料，未履行危害告知义务的，卫生行政部门可以责令限期改正，给予警告。设备、材料的供应商应当在规定的期限内改正其违法行为，按照规定提供中文说明书或者设置警示标识和中文警示说明。卫生行政部门在给予警告的同时还应对其处以5万元以上20万元以下的罚款，具体数额根据当事人违法行为的情节轻重决定。

第七十四条 【未按规定报告的法律责任】用人单位和医疗卫生机构未按照规定报告职业病、疑似职业病的，由有关主管部门依据职责分工责令限期改正，给予警告，可以并处一万元以下的罚款；弄虚作假的，并处二万元以上五万元以下的罚款；对直接负责的主管人员和其他直接责任人员，可以依法给予降级或者撤职的处分。

条文注释

本条是关于用人单位和医疗卫生机构未按照规定报告职业病、疑似职业病应承担的法律责任的规定。

用人单位和医疗卫生机构发现职业病病人或者疑似职业病病人时，应当及时向所在地卫生行政部门报告；确诊为职业病的，用人单位还应当向所在地劳动保障行政部门报告。职业病报告是进行职业病防治执法成本效益分析、了解掌握职业病现状和发展趋势以及职业危害的预防控制状态的主要手段，是政府职业卫生管理决策的重要依据。用人单位和医疗卫生机构应当按照规定，准确、及时、全面、规范地履行职业病报告义务，不得违反，否则就要按照本条的规定承担相应的法律责任。

关联法规

《职业病诊断与鉴定管理办法》第61条

第七十五条 【责令限期治理、停业、关闭】违反本法规定，有下列情形之一的，由卫生行政部门责令限期治理，并处五万元以上三十万元以下的罚款；情节严重的，责令停止产生职业病危害的作业，或者提请有关人民政府按照国务院规定的权限责令关闭：

（一）隐瞒技术、工艺、设备、材料所产生的职业病危害而采用的；

（二）隐瞒本单位职业卫生真实情况的；

（三）可能发生急性职业损伤的有毒、有害工作场所、放射工作场所或者放射性同位素的运输、贮存不符合本法第二十五条规定的；

（四）使用国家明令禁止使用的可能产生职业病危害的设备或者材料的；

（五）将产生职业病危害的作业转移给没有职业病防护条件的单位和个人，或者没有职业病防护条件的单位和个人接受产生职业病危害的作业的；

（六）擅自拆除、停止使用职业病防护设备或者应急救援设施的；

（七）安排未经职业健康检查的劳动者、有职业禁忌的劳动者、未成年工或者孕期、哺乳期女职工从事接触职业病危害的作业或者禁忌作业的；

（八）违章指挥和强令劳动者进行没有职业病防护措施的作业的。

第七十六条　【生产、经营、进口国家明令禁用的设备和材料的法律责任】生产、经营或者进口国家明令禁止使用的可能产生职业病危害的设备或者材料的，依照有关法律、行政法规的规定给予处罚。

关联法规

《产品质量法》第51条

第七十七条 【对劳动者生命健康造成严重损害的法律责任】用人单位违反本法规定，已经对劳动者生命健康造成严重损害的，由卫生行政部门责令停止产生职业病危害的作业，或者提请有关人民政府按照国务院规定的权限责令关闭，并处十万元以上五十万元以下的罚款。

条文注释

本条是关于用人单位违反本法规定，对劳动者生命健康造成严重损害应承担的法律责任的规定。

为了严厉处罚严重危害劳动者生命健康的行为，2011 年修正《职业病防治法》时将本条的罚款幅度由原来的 10 万元以上 30 万元以下修改为 10 万元以上 50 万元以下，具体数额由处罚机关根据实际情况决定。处罚对象必须满足两个条件：一是违反了本法的有关规定；二是已经对劳动者的生命健康造成了严重的损害。对于违反本法的有关规定，但尚未对劳动者生命健康造成严重损害的，应当按照本章其他条款的规定对其进行处罚。

第七十八条 【直接责任人员的刑事责任】用人单位违反本法规定，造成重大职业病危害事故或者其他严重后果，构成犯罪的，对直接负责的主管人员和其他直接责任人员，依法追究刑事责任。

条文注释

本条是关于对违反本法规定并且构成犯罪的用人单位的直接责任人员追究刑事责任的规定。

本条所称的直接负责的主管人员，是指在单位违法行为中负有直接领导责任的人员，如违法行为的单位决策人，或对违法行为予以认可和支持的单位领导人员等；其他直接责任人员是指直接实施违法行为的人员。本条所称的依法追究刑事责任，是指按照我国《刑法》有关重大责任事故犯罪的规定，对当事人进行处罚。

关联法规

《刑法》第134～137条

第七十九条 【擅自从事职业卫生技术服务的法律责任】 未取得职业卫生技术服务资质认可擅自从事职业卫生技术服务的，由卫生行政部门责令立即停止违法行为，没收违法所得；违法所得五千元以上的，并处违法所得二倍以上十倍以下的罚款；没有违法所得或者违法所得不足五千元的，并处五千元以上五万元以下的罚款；情节严重的，对直接负责的主管人员和其他直接责任人员，依法给予降级、撤职或者开除的处分。

条文注释

本条是关于对未取得职业卫生技术服务资质认可擅自从事职业卫生技术服务的法律责任的规定。

没收违法所得，是指行政机关根据法律、法规的规定，将当事人的非法所得强制无偿收归国有的一种行政处罚。其中违法所得，是指未取得职业卫生技术服务资质认可擅自从事职业卫生技术服务的当事人通过提供服务所获得的金钱收入和其他财物。

第八十条 【越权从事职业卫生技术服务等行为的法律责任】 从事职业卫生技术服务的机构和承担职业病诊断的医疗卫生机构违反本法规定，有下列行为之一的，由卫生行政部门责令立即停止违法行为，给予警告，没收违法所得；违法所得五千元以上的，并处违法所得二倍以上五倍以下的罚款；没有违法所得或者违法所得不足五千元的，并处五千元以上二万元以下的罚款；情节严重的，由原认可或者登记机关取消其相应的资格；对直接负责的主管人员和其他直接责任人员，依法给予降级、撤职或者开除的处分；构成犯罪的，依法追究刑事责任：

（一）超出资质认可或者诊疗项目登记范围从事职业卫生技术服务或者职业病诊断的；

（二）不按照本法规定履行法定职责的；

（三）出具虚假证明文件的。

条文注释

本条是关于对从事职业卫生技术服务的机构和承担职业病诊断的医疗卫生机构的违法行为追究法律责任的规定。

从事职业卫生技术服务的机构和承担职业病诊断的医疗卫生机构应当在资质认可和批准的范围内客观、公正地从事服务、检查和诊断，所作结论应当客观、真实，不得超出资质认可或者批准范围从事职业卫生技术服务或者职业病诊断，不得出具虚假证明文件，否则就要按照本条的规定承担相应的法律责任。

关联法规

《安全生产法》第 92 条

《刑法》第 229、231 条

第八十一条　【鉴定委员会组成人员违法行为的法律责任】职业病诊断鉴定委员会组成人员收受职业病诊断争议当事人的财物或者其他好处的，给予警告，没收收受的财物，可以并处三千元以上五万元以下的罚款，取消其担任职业病诊断鉴定委员会组成人员的资格，并从省、自治区、直辖市人民政府卫生行政部门设立的专家库中予以除名。

条文注释

本条是关于职业病诊断鉴定委员会组成人员违法行为的法律责任的规定。

职业病诊断鉴定委员会由相关专业的专家组成，所以本条的违法主体是参加诊断鉴定委员会的专家，会计、文秘等为诊断鉴定工作提供服务的一般工作人员不包括在内。职业病诊断争议的当事人主要是劳动者和用人单位，有时从事职业病诊断的医疗卫生机构也可能成为职业病诊断争议的当事人。收受财物既包括职业病诊断鉴定委员会组成人员本人直接收受，也包括其通过亲友等第三人间接收受。收受的财物或者其他好处可以是当事人主动给予的，也可以是职业病诊断鉴定委员会组成人员以暗示、威胁、引诱等方式索取的。

关联法规

《职业病诊断与鉴定管理办法》第58条

第八十二条 【不按照规定报告的法律责任】卫生行政部门不按照规定报告职业病和职业病危害事故的，由上一级行政部门责令改正，通报批评，给予警告；虚报、瞒报的，对单位负责人、直接负责的主管人员和其他直接责任人员依法给予降级、撤职或者开除的处分。

条文注释

本条是关于卫生行政部门不按照规定报告职业病和职业病危害事故应承担的法律责任的规定。

通过卫生行政部门的报告，国家能够及时掌握全国以及各行政区内的职业病发病率、种类和职业病危害事故及善后处理情况等信息，为科学防治职业病危害奠定基础。本条规定的单位负责人，是指不按照规定报告职业病和职业病危害事故的卫生行政部门的主要负责人。直接负责的主管人员，是指在单位违法行为中负有直接领导责任的人员，如违法行为的单位决策人，或者对违法行为予以认可和支持的单位领导人员等。其他直接责任人员，是指直接实施单位违法行为的人员。

关联法规

《安全生产法》第111条

第八十三条　【县级以上地方人民政府及职业卫生监管部门渎职责任】县级以上地方人民政府在职业病防治工作中未依照本法履行职责，本行政区域出现重大职业病危害事故、造成严重社会影响的，依法对直接负责的主管人员和其他直接责任人员给予记大过直至开除的处分。

县级以上人民政府职业卫生监督管理部门不履行本法规定的职责，滥用职权、玩忽职守、徇私舞弊，依法对直接负责的主管人员和其他直接责任人员给予记大过或者降级的处分；造成职业病危害事故或者其他严重后果的，依法给予撤职或者开除的处分。

条文注释

本条是关于县级以上地方人民政府和县级以上人民政府职业卫生监督管理部门渎职应承担的法律责任的规定。

县级以上地方人民政府未依照本法履行职责，致使本行政区域出现重大职业病危害事故、造成严重社会影响的，有关机关即应按照国家有关人事管理权限和处理程序的规定，根据错误性质、情节轻重、危害大小及本人对错误的认识态度，给予有关人民政府直接负责的主管人员和其他直接责任人员记大过、降级、撤职或者开除的处分。

本条对县级以上人民政府职业卫生监督管理部门渎职行为，没有笼统地规定给予处分，而是针对违法行为的严重程度规定了不同种类处分的阶梯，体现了过罚相当的原则，也有利于执法标准的统一。滥用职权是指国家工作人员违反法律规定的权限和程序，滥用或者超越职权的行为；玩忽职守是指国家工作人员不履行、不正确履行或者放弃履行其职责的行为；徇私舞弊是指为徇个人私利或者亲友私情而实施的违法乱纪的行为。

关联法规

《职业病诊断与鉴定管理办法》第59条

第八十四条　【刑事责任】违反本法规定，构成犯罪的，依法追究刑事责任。

条文注释

本条是关于违反《职业病防治法》规定构成犯罪予以追究刑事责任的规定。

本法第七十八条规定了用人单位的刑事责任问题。第八十条规定了从事职业卫生技术服务的机构和承担职业病诊断的医疗卫生机构的刑事责任问题。本条规定的是其他需要追究刑事责任的情形，具有兜底条款的性质，主要包括滥用职权罪和玩忽职守罪、受贿罪、非国家工作人员受贿罪。

关联法规

《刑法》第134～137、397条

第七章　附　　则

第八十五条　【用语含义】本法下列用语的含义：

职业病危害，是指对从事职业活动的劳动者可能导致职业病的各种危害。职业病危害因素包括：职业活动中存在的各种有害的化学、物理、生物因素以及在作业过程中产生的其他职业有害因素。

职业禁忌，是指劳动者从事特定职业或者接触特定职业病危害因素时，比一般职业人群更易于遭受职业病危害和罹患职业病或者可能导致原有自身疾病病情加重，或者在从事作业过程中诱发可能导致对他人生命健康构成危险的疾病的个人特殊生理或者病理状态。

条文注释

本条是关于职业病危害、职业病危害因素以及职业禁忌的含义的规定。

职业病危害具体包括两层含义:第一,这种危害是存在于工作场所或者是与特定职业相伴随的,不包括其他场合的危害。第二,这种危害可能导致从事职业活动的劳动者遭受职业病。职业病危害因素按照来源可分为三大类:一是生产工艺过程中产生的有害因素,主要包括化学因素、物理因素及生物因素;二是劳动过程中的有害因素,主要有劳动组织和劳动过程不合理、劳动强度过大、过度精神或心理紧张、劳动时个别器官或系统过度紧张、长时间不良体位、劳动工具不合理等;三是生产环境中的有害因素,主要包括自然环境中的因素以及来自其他生产过程散发的有害因素造成的生产环境污染。

对从事接触职业病危害的作业的劳动者,用人单位应当按照国务院卫生行政部门的规定组织上岗前、在岗期间和离岗时的职业健康检查,通过职业健康检查,可以发现劳动者的职业禁忌。用人单位不得安排有职业禁忌的劳动者从事其所禁忌的工作或者作业。

第八十六条 【参照】本法第二条规定的用人单位以外的单位,产生职业病危害的,其职业病防治活动可以参照本法执行。

劳务派遣用工单位应当履行本法规定的用人单位的义务。

中国人民解放军参照执行本法的办法,由国务院、中央军事委员会制定。

条文注释

本条是关于本法第二条规定的用人单位以外的单位和劳务派遣用工单位的职业病防治活动应如何规范的规定。

产生职业病的用人单位,主要是指适用《劳动法》和《劳动合同法》与劳动者建立劳动关系的用人单位。由于产生职业病的领域或行业较广，本法第二条并没有仅限于企业、事业单位和个体经济组织。用人单位以外的单位可以“参照”本法执行，这里所讲的“参照”不同于“依照”，既可以执行，也可以根据实际情况变通执行。劳务派遣使劳动力雇用与劳动力使用相分离，被派遣劳动者不与用工单位签订劳动合同，而是与派遣单位签订劳动合同，形成“有关系无劳动，有劳动无关系”的特殊形态。为充分保护被派遣劳动者的合法权益，劳务派遣用工单位应当履行本法规定的用人单位的义务，为被派遣劳动者提供本法要求用人单位提供的职业病防治方面的保护，否则要依法承担相应的法律责任。

第八十七条 【放射性职业病危害控制的监管】对医疗机构放射性职业病危害控制的监督管理，由卫生行政部门依照本法的规定实施。

第八十八条 【施行日期】本法自2002年5月1日起施行。

条文注释

本条是关于本法施行日期的规定。

修改后的法律的施行日期与修改法律的形式具有密切联系。我国目前修改法律主要有两种形式：一种是对法律进行修订，即对法律作全面修改，重新予以公布；另一种是对法律的部分条文通过修改决定的方式予以修正，不对法律作全面修改，未修改的部分继续施行。因此，法律修改后的施行日期也有两种形式，属于修订法律的，一般重新公布法律的施行日期；属于对法律的部分条文通过修改决定的方式予以修正的，一般不修改法律的施行日期，只是规定修改决定的施行日期。对于原法修改的部分执行修改决定的施行日期，未修改的部分执行原来法律规定的施行日期。据此，修改后的《职业病防治法》，内容未作改动的条文，施行日期仍然为2002年5月1日；经过修改的条文，包括新增加的条文，施行日期为修改决定公布之日。

附录

中华人民共和国宪法（节录）

（1982年12月4日第五届全国人民代表大会第五次会议通过　1982年12月4日全国人民代表大会公告公布施行　根据1988年4月12日第七届全国人民代表大会第一次会议通过的《中华人民共和国宪法修正案》、1993年3月29日第八届全国人民代表大会第一次会议通过的《中华人民共和国宪法修正案》、1999年3月15日第九届全国人民代表大会第二次会议通过的《中华人民共和国宪法修正案》、2004年3月14日第十届全国人民代表大会第二次会议通过的《中华人民共和国宪法修正案》和2018年3月11日第十三届全国人民代表大会第一次会议通过的《中华人民共和国宪法修正案》修正）

第四十二条　中华人民共和国公民有劳动的权利和义务。

国家通过各种途径，创造劳动就业条件，加强劳动保护，改善劳动条件，并在发展生产的基础上，提高劳动报酬和福利待遇。

劳动是一切有劳动能力的公民的光荣职责。国有企业和城乡集体经济组织的劳动者都应当以国家主人翁的态度对待自己的劳动。国家提倡社会主义劳动竞赛，奖励劳动模范和先进工作者。国家提倡公民从事义务劳动。

国家对就业前的公民进行必要的劳动就业训练。

第四十五条　中华人民共和国公民在年老、疾病或者丧失劳动能力的情况下，有从国家和社会获得物质帮助的权利。国家发展为公民享受这些权利所需要的社会保险、社会救济和医疗卫生事业。

国家和社会保障残废军人的生活，抚恤烈士家属，优待军人家属。

国家和社会帮助安排盲、聋、哑和其他有残疾的公民的劳动、生活和教育。

中华人民共和国劳动法(节录)

(1994年7月5日第八届全国人民代表大会常务委员会第八次会议通过　根据2009年8月27日第十一届全国人民代表大会常务委员会第十次会议《关于修改部分法律的决定》第一次修正　根据2018年12月29日第十三届全国人民代表大会常务委员会第七次会议《关于修改〈中华人民共和国劳动法〉等七部法律的决定》第二次修正)

第三条　劳动者享有平等就业和选择职业的权利、取得劳动报酬的权利、休息休假的权利、获得劳动安全卫生保护的权利、接受职业技能培训的权利、享受社会保险和福利的权利、提请劳动争议处理的权利以及法律规定的其他劳动权利。

劳动者应当完成劳动任务,提高职业技能,执行劳动安全卫生规程,遵守劳动纪律和职业道德。

第十五条　禁止用人单位招用未满十六周岁的未成年人。

文艺、体育和特种工艺单位招用未满十六周岁的未成年人,必须遵守国家有关规定,并保障其接受义务教育的权利。

第五十二条　用人单位必须建立、健全劳动安全卫生制度,严格执行国家劳动安全卫生规程和标准,对劳动者进行劳动安全卫生教育,防止劳动过程中的事故,减少职业危害。

第五十三条　劳动安全卫生设施必须符合国家规定的标准。

新建、改建、扩建工程的劳动安全卫生设施必须与主体工程同时设计、同时施工、同时投入生产和使用。

第五十四条　用人单位必须为劳动者提供符合国家规定的劳动安全卫生条件和必要的劳动防护用品,对从事有职业危害作业的劳动者应当定期进行健康检查。

第五十五条 从事特种作业的劳动者必须经过专门培训并取得特种作业资格。

第五十七条 国家建立伤亡事故和职业病统计报告和处理制度。县级以上各级人民政府劳动行政部门、有关部门和用人单位应当依法对劳动者在劳动过程中发生的伤亡事故和劳动者的职业病状况,进行统计、报告和处理。

第五十八条 国家对女职工和未成年工实行特殊劳动保护。

未成年工是指年满十六周岁未满十八周岁的劳动者。

第五十九条 禁止安排女职工从事矿山井下、国家规定的第四级体力劳动强度的劳动和其他禁忌从事的劳动。

第六十条 不得安排女职工在经期从事高处、低温、冷水作业和国家规定的第三级体力劳动强度的劳动。

第六十一条 不得安排女职工在怀孕期间从事国家规定的第三级体力劳动强度的劳动和孕期禁忌从事的劳动。对怀孕七个月以上的女职工,不得安排其延长工作时间和夜班劳动。

第六十三条 不得安排女职工在哺乳未满一周岁的婴儿期间从事国家规定的第三级体力劳动强度的劳动和哺乳期禁忌从事的其他劳动,不得安排其延长工作时间和夜班劳动。

第六十四条 不得安排未成年工从事矿山井下、有毒有害、国家规定的第四级体力劳动强度的劳动和其他禁忌从事的劳动。

第六十八条 用人单位应当建立职业培训制度,按照国家规定提取和使用职业培训经费,根据本单位实际,有计划地对劳动者进行职业培训。

从事技术工种的劳动者,上岗前必须经过培训。

第九十四条 用人单位非法招用未满十六周岁的未成年人的,由劳动行政部门责令改正,处以罚款;情节严重的,由市场监督管理部门吊销营业执照。

第九十五条 用人单位违反本法对女职工和未成年工的保护规定,侵害其合法权益的,由劳动行政部门责令改正,处以罚款;对女职工或者未成年工造成损害的,应当承担赔偿责任。

中华人民共和国劳动合同法(节录)

(2007年6月29日第十届全国人民代表大会常务委员会第二十八次会议通过　根据2012年12月28日第十一届全国人民代表大会常务委员会第三十次会议《关于修改〈中华人民共和国劳动合同法〉的决定》修正)

第八条　用人单位招用劳动者时,应当如实告知劳动者工作内容、工作条件、工作地点、职业危害、安全生产状况、劳动报酬,以及劳动者要求了解的其他情况;用人单位有权了解劳动者与劳动合同直接相关的基本情况,劳动者应当如实说明。

第十七条　劳动合同应当具备以下条款:

(一)用人单位的名称、住所和法定代表人或者主要负责人;

(二)劳动者的姓名、住址和居民身份证或者其他有效身份证件号码;

(三)劳动合同期限;

(四)工作内容和工作地点;

(五)工作时间和休息休假;

(六)劳动报酬;

(七)社会保险;

(八)劳动保护、劳动条件和职业危害防护;

(九)法律、法规规定应当纳入劳动合同的其他事项。

劳动合同除前款规定的必备条款外,用人单位与劳动者可以约定试用期、培训、保守秘密、补充保险和福利待遇等其他事项。

第四十二条　劳动者有下列情形之一的,用人单位不得依照本法第四十条、第四十一条的规定解除劳动合同:

(一)从事接触职业病危害作业的劳动者未进行离岗前职业健康检查,或者疑似职业病病人在诊断或者医学观察期间的;

（二）在本单位患职业病或者因工负伤并被确认丧失或者部分丧失劳动能力的；

（三）患病或者非因工负伤，在规定的医疗期内的；

（四）女职工在孕期、产期、哺乳期的；

（五）在本单位连续工作满十五年，且距法定退休年龄不足五年的；

（六）法律、行政法规规定的其他情形。

中华人民共和国安全生产法

（2002年6月29日第九届全国人民代表大会常务委员会第二十八次会议通过 根据2009年8月27日第十一届全国人民代表大会常务委员会第十次会议《关于修改部分法律的决定》第一次修正 根据2014年8月31日第十二届全国人民代表大会常务委员会第十次会议《关于修改〈中华人民共和国安全生产法〉的决定》第二次修正 根据2021年6月10日第十三届全国人民代表大会常务委员会第二十九次会议《关于修改〈中华人民共和国安全生产法〉的决定》第三次修正）

第一章 总 则

第一条 为了加强安全生产工作，防止和减少生产安全事故，保障人民群众生命和财产安全，促进经济社会持续健康发展，制定本法。

第二条 在中华人民共和国领域内从事生产经营活动的单位（以下统称生产经营单位）的安全生产，适用本法；有关法律、行政法规对消防安全和道路交通安全、铁路交通安全、水上交通安全、民用航空安全以及核与辐射安全、特种设备安全另有规定的，适用其规定。

第三条 安全生产工作坚持中国共产党的领导。

安全生产工作应当以人为本，坚持人民至上、生命至上，把保护人民生命安全摆在首位，树牢安全发展理念，坚持安全第一、预防为主、综合治理的方针，从源头上防范化解重大安全风险。

安全生产工作实行管行业必须管安全、管业务必须管安全、管生产经营必须管安全，强化和落实生产经营单位主体责任与政府监管责任，建立生产经营单位负责、职工参与、政府监管、行业自律和社会监督的机制。

第四条 生产经营单位必须遵守本法和其他有关安全生产的法律、法规，加强安全生产管理，建立健全全员安全生产责任制和安全生产规章制度，加大对安全生产资金、物资、技术、人员的投入保障力度，改善安全生产条件，加强安全生产标准化、信息化建设，构建安全风险分级管控和隐患排查治理双重预防机制，健全风险防范化解机制，提高安全生产水平，确保安全生产。

平台经济等新兴行业、领域的生产经营单位应当根据本行业、领域的特点，建立健全并落实全员安全生产责任制，加强从业人员安全生产教育和培训，履行本法和其他法律、法规规定的有关安全生产义务。

第五条 生产经营单位的主要负责人是本单位安全生产第一责任人，对本单位的安全生产工作全面负责。其他负责人对职责范围内的安全生产工作负责。

第六条 生产经营单位的从业人员有依法获得安全生产保障的权利，并应当依法履行安全生产方面的义务。

第七条 工会依法对安全生产工作进行监督。

生产经营单位的工会依法组织职工参加本单位安全生产工作的民主管理和民主监督，维护职工在安全生产方面的合法权益。生产经营单位制定或者修改有关安全生产的规章制度，应当听取工会的意见。

第八条 国务院和县级以上地方各级人民政府应当根据国民经济和社会发展规划制定安全生产规划，并组织实施。安全生产规划应当与国土空间规划等相关规划相衔接。

各级人民政府应当加强安全生产基础设施建设和安全生产监管能力建设，所需经费列入本级预算。

县级以上地方各级人民政府应当组织有关部门建立完善安全风险评估与论证机制，按照安全风险管控要求，进行产业规划和空间布局，并对位置相邻、行业相近、业态相似的生产经营单位实施重大安全风险联防联控。

第九条 国务院和县级以上地方各级人民政府应当加强对安全生产工作的领导,建立健全安全生产工作协调机制,支持、督促各有关部门依法履行安全生产监督管理职责,及时协调、解决安全生产监督管理中存在的重大问题。

乡镇人民政府和街道办事处,以及开发区、工业园区、港区、风景区等应当明确负责安全生产监督管理的有关工作机构及其职责,加强安全生产监管力量建设,按照职责对本行政区域或者管理区域内生产经营单位安全生产状况进行监督检查,协助人民政府有关部门或者按照授权依法履行安全生产监督管理职责。

第十条 国务院应急管理部门依照本法,对全国安全生产工作实施综合监督管理;县级以上地方各级人民政府应急管理部门依照本法,对本行政区域内安全生产工作实施综合监督管理。

国务院交通运输、住房和城乡建设、水利、民航等有关部门依照本法和其他有关法律、行政法规的规定,在各自的职责范围内对有关行业、领域的安全生产工作实施监督管理;县级以上地方各级人民政府有关部门依照本法和其他有关法律、法规的规定,在各自的职责范围内对有关行业、领域的安全生产工作实施监督管理。对新兴行业、领域的安全生产监督管理职责不明确的,由县级以上地方各级人民政府按照业务相近的原则确定监督管理部门。

应急管理部门和对有关行业、领域的安全生产工作实施监督管理的部门,统称负有安全生产监督管理职责的部门。负有安全生产监督管理职责的部门应当相互配合、齐抓共管、信息共享、资源共用,依法加强安全生产监督管理工作。

第十一条 国务院有关部门应当按照保障安全生产的要求,依法及时制定有关的国家标准或者行业标准,并根据科技进步和经济发展适时修订。

生产经营单位必须执行依法制定的保障安全生产的国家标准或者行业标准。

第十二条 国务院有关部门按照职责分工负责安全生产强制性国家标准的项目提出、组织起草、征求意见、技术审查。国务院应急管理部门统筹提出安全生产强制性国家标准的立项计划。国务院标准化行政主管部门负责安全生产强制性国家标准的立项、编号、对外通报和授权批准发布工作。国务院标准化行政主管部门、有关部门依据法定职责对安全生产强制性国家标准的实施进行监督检查。

第十三条　各级人民政府及其有关部门应当采取多种形式,加强对有关安全生产的法律、法规和安全生产知识的宣传,增强全社会的安全生产意识。

第十四条　有关协会组织依照法律、行政法规和章程,为生产经营单位提供安全生产方面的信息、培训等服务,发挥自律作用,促进生产经营单位加强安全生产管理。

第十五条　依法设立的为安全生产提供技术、管理服务的机构,依照法律、行政法规和执业准则,接受生产经营单位的委托为其安全生产工作提供技术、管理服务。

生产经营单位委托前款规定的机构提供安全生产技术、管理服务的,保证安全生产的责任仍由本单位负责。

第十六条　国家实行生产安全事故责任追究制度,依照本法和有关法律、法规的规定,追究生产安全事故责任单位和责任人员的法律责任。

第十七条　县级以上各级人民政府应当组织负有安全生产监督管理职责的部门依法编制安全生产权力和责任清单,公开并接受社会监督。

第十八条　国家鼓励和支持安全生产科学技术研究和安全生产先进技术的推广应用,提高安全生产水平。

第十九条　国家对在改善安全生产条件、防止生产安全事故、参加抢险救护等方面取得显著成绩的单位和个人,给予奖励。

第二章　生产经营单位的安全生产保障

第二十条　生产经营单位应当具备本法和有关法律、行政法规和国家标准或者行业标准规定的安全生产条件;不具备安全生产条件的,不得从事生产经营活动。

第二十一条　生产经营单位的主要负责人对本单位安全生产工作负有下列职责:

（一）建立健全并落实本单位全员安全生产责任制，加强安全生产标准化建设；

（二）组织制定并实施本单位安全生产规章制度和操作规程；

（三）组织制定并实施本单位安全生产教育和培训计划；

（四）保证本单位安全生产投入的有效实施；

（五）组织建立并落实安全风险分级管控和隐患排查治理双重预防工作机制，督促、检查本单位的安全生产工作，及时消除生产安全事故隐患；

（六）组织制定并实施本单位的生产安全事故应急救援预案；

（七）及时、如实报告生产安全事故。

第二十二条 生产经营单位的全员安全生产责任制应当明确各岗位的责任人员、责任范围和考核标准等内容。

生产经营单位应当建立相应的机制，加强对全员安全生产责任制落实情况的监督考核，保证全员安全生产责任制的落实。

第二十三条 生产经营单位应当具备的安全生产条件所必需的资金投入，由生产经营单位的决策机构、主要负责人或者个人经营的投资人予以保证，并对由于安全生产所必需的资金投入不足导致的后果承担责任。

有关生产经营单位应当按照规定提取和使用安全生产费用，专门用于改善安全生产条件。安全生产费用在成本中据实列支。安全生产费用提取、使用和监督管理的具体办法由国务院财政部门会同国务院应急管理部门征求国务院有关部门意见后制定。

第二十四条 矿山、金属冶炼、建筑施工、运输单位和危险物品的生产、经营、储存、装卸单位，应当设置安全生产管理机构或者配备专职安全生产管理人员。

前款规定以外的其他生产经营单位，从业人员超过一百人的，应当设置安全生产管理机构或者配备专职安全生产管理人员；从业人员在一百人以下的，应当配备专职或者兼职的安全生产管理人员。

第二十五条 生产经营单位的安全生产管理机构以及安全生产管理人员履行下列职责：

（一）组织或者参与拟订本单位安全生产规章制度、操作规程和生产安全事故应急救援预案；

（二）组织或者参与本单位安全生产教育和培训，如实记录安全生产教育和培训情况；

（三）组织开展危险源辨识和评估，督促落实本单位重大危险源的安全管理措施；

（四）组织或者参与本单位应急救援演练；

（五）检查本单位的安全生产状况，及时排查生产安全事故隐患，提出改进安全生产管理的建议；

（六）制止和纠正违章指挥、强令冒险作业、违反操作规程的行为；

（七）督促落实本单位安全生产整改措施。

生产经营单位可以设置专职安全生产分管负责人，协助本单位主要负责人履行安全生产管理职责。

第二十六条 生产经营单位的安全生产管理机构以及安全生产管理人员应当恪尽职守，依法履行职责。

生产经营单位作出涉及安全生产的经营决策，应当听取安全生产管理机构以及安全生产管理人员的意见。

生产经营单位不得因安全生产管理人员依法履行职责而降低其工资、福利等待遇或者解除与其订立的劳动合同。

危险物品的生产、储存单位以及矿山、金属冶炼单位的安全生产管理人员的任免，应当告知主管的负有安全生产监督管理职责的部门。

第二十七条 生产经营单位的主要负责人和安全生产管理人员必须具备与本单位所从事的生产经营活动相应的安全生产知识和管理能力。

危险物品的生产、经营、储存、装卸单位以及矿山、金属冶炼、建筑施工、运输单位的主要负责人和安全生产管理人员，应当由主管的负有安全生产监督管理职责的部门对其安全生产知识和管理能力考核合格。考核不得收费。

危险物品的生产、储存、装卸单位以及矿山、金属冶炼单位应当有注册安全工程师从事安全生产管理工作。鼓励其他生产经营单位聘用注册安全工程师从事安全生产管理工作。注册安全工程师按专业分类管理，具体办法由国务院人力资源和社会保障部门、国务院应急管理部门会同国务院有关部门制定。

第二十八条 生产经营单位应当对从业人员进行安全生产教育和培训，保证从业人员具备必要的安全生产知识，熟悉有关的安全生产规章制度和安全操作规程,掌握本岗位的安全操作技能,了解事故应急处理措施,知悉自身在安全生产方面的权利和义务。未经安全生产教育和培训合格的从业人员,不得上岗作业。

生产经营单位使用被派遣劳动者的,应当将被派遣劳动者纳入本单位从业人员统一管理,对被派遣劳动者进行岗位安全操作规程和安全操作技能的教育和培训。劳务派遣单位应当对被派遣劳动者进行必要的安全生产教育和培训。

生产经营单位接收中等职业学校、高等学校学生实习的,应当对实习学生进行相应的安全生产教育和培训,提供必要的劳动防护用品。学校应当协助生产经营单位对实习学生进行安全生产教育和培训。

生产经营单位应当建立安全生产教育和培训档案,如实记录安全生产教育和培训的时间、内容、参加人员以及考核结果等情况。

第二十九条 生产经营单位采用新工艺、新技术、新材料或者使用新设备,必须了解、掌握其安全技术特性,采取有效的安全防护措施,并对从业人员进行专门的安全生产教育和培训。

第三十条 生产经营单位的特种作业人员必须按照国家有关规定经专门的安全作业培训,取得相应资格,方可上岗作业。

特种作业人员的范围由国务院应急管理部门会同国务院有关部门确定。

第三十一条 生产经营单位新建、改建、扩建工程项目(以下统称建设项目)的安全设施,必须与主体工程同时设计、同时施工、同时投入生产和使用。安全设施投资应当纳入建设项目概算。

第三十二条 矿山、金属冶炼建设项目和用于生产、储存、装卸危险物品的建设项目,应当按照国家有关规定进行安全评价。

第三十三条 建设项目安全设施的设计人、设计单位应当对安全设施设计负责。

矿山、金属冶炼建设项目和用于生产、储存、装卸危险物品的建设项目的安全设施设计应当按照国家有关规定报经有关部门审查,审查部门及其负责审查的人员对审查结果负责。

第三十四条 矿山、金属冶炼建设项目和用于生产、储存、装卸危险物品的建设项目的施工单位必须按照批准的安全设施设计施工,并对安全设施的工程质量负责。

矿山、金属冶炼建设项目和用于生产、储存、装卸危险物品的建设项目竣工投入生产或者使用前，应当由建设单位负责组织对安全设施进行验收；验收合格后，方可投入生产和使用。负有安全生产监督管理职责的部门应当加强对建设单位验收活动和验收结果的监督核查。

第三十五条　生产经营单位应当在有较大危险因素的生产经营场所和有关设施、设备上，设置明显的安全警示标志。

第三十六条　安全设备的设计、制造、安装、使用、检测、维修、改造和报废，应当符合国家标准或者行业标准。

生产经营单位必须对安全设备进行经常性维护、保养，并定期检测，保证正常运转。维护、保养、检测应当作好记录，并由有关人员签字。

生产经营单位不得关闭、破坏直接关系生产安全的监控、报警、防护、救生设备、设施，或者篡改、隐瞒、销毁其相关数据、信息。

餐饮等行业的生产经营单位使用燃气的，应当安装可燃气体报警装置，并保障其正常使用。

第三十七条　生产经营单位使用的危险物品的容器、运输工具，以及涉及人身安全、危险性较大的海洋石油开采特种设备和矿山井下特种设备，必须按照国家有关规定，由专业生产单位生产，并经具有专业资质的检测、检验机构检测、检验合格，取得安全使用证或者安全标志，方可投入使用。检测、检验机构对检测、检验结果负责。

第三十八条　国家对严重危及生产安全的工艺、设备实行淘汰制度，具体目录由国务院应急管理部门会同国务院有关部门制定并公布。法律、行政法规对目录的制定另有规定的，适用其规定。

省、自治区、直辖市人民政府可以根据本地区实际情况制定并公布具体目录，对前款规定以外的危及生产安全的工艺、设备予以淘汰。

生产经营单位不得使用应当淘汰的危及生产安全的工艺、设备。

第三十九条　生产、经营、运输、储存、使用危险物品或者处置废弃危险物品的，由有关主管部门依照有关法律、法规的规定和国家标准或者行业标准审批并实施监督管理。

生产经营单位生产、经营、运输、储存、使用危险物品或者处置废弃危险物品，必须执行有关法律、法规和国家标准或者行业标准，建立专门的安全管理制度，采取可靠的安全措施，接受有关主管部门依法实施的监督管理。

第四十条 生产经营单位对重大危险源应当登记建档，进行定期检测、评估、监控，并制定应急预案，告知从业人员和相关人员在紧急情况下应当采取的应急措施。

生产经营单位应当按照国家有关规定将本单位重大危险源及有关安全措施、应急措施报有关地方人民政府应急管理部门和有关部门备案。有关地方人民政府应急管理部门和有关部门应当通过相关信息系统实现信息共享。

第四十一条 生产经营单位应当建立安全风险分级管控制度，按照安全风险分级采取相应的管控措施。

生产经营单位应当建立健全并落实生产安全事故隐患排查治理制度，采取技术、管理措施，及时发现并消除事故隐患。事故隐患排查治理情况应当如实记录，并通过职工大会或者职工代表大会、信息公示栏等方式向从业人员通报。其中，重大事故隐患排查治理情况应当及时向负有安全生产监督管理职责的部门和职工大会或者职工代表大会报告。

县级以上地方各级人民政府负有安全生产监督管理职责的部门应当将重大事故隐患纳入相关信息系统，建立健全重大事故隐患治理督办制度，督促生产经营单位消除重大事故隐患。

第四十二条 生产、经营、储存、使用危险物品的车间、商店、仓库不得与员工宿舍在同一座建筑物内，并应当与员工宿舍保持安全距离。

生产经营场所和员工宿舍应当设有符合紧急疏散要求、标志明显、保持畅通的出口、疏散通道。禁止占用、锁闭、封堵生产经营场所或者员工宿舍的出口、疏散通道。

第四十三条 生产经营单位进行爆破、吊装、动火、临时用电以及国务院应急管理部门会同国务院有关部门规定的其他危险作业，应当安排专门人员进行现场安全管理，确保操作规程的遵守和安全措施的落实。

第四十四条 生产经营单位应当教育和督促从业人员严格执行本单位的安全生产规章制度和安全操作规程；并向从业人员如实告知作业场所和工作岗位存在的危险因素、防范措施以及事故应急措施。

生产经营单位应当关注从业人员的身体、心理状况和行为习惯，加强对从业人员的心理疏导、精神慰藉，严格落实岗位安全生产责任，防范从业人员行为异常导致事故发生。

第四十五条　生产经营单位必须为从业人员提供符合国家标准或者行业标准的劳动防护用品，并监督、教育从业人员按照使用规则佩戴、使用。

第四十六条　生产经营单位的安全生产管理人员应当根据本单位的生产经营特点，对安全生产状况进行经常性检查；对检查中发现的安全问题，应当立即处理；不能处理的，应当及时报告本单位有关负责人，有关负责人应当及时处理。检查及处理情况应当如实记录在案。

生产经营单位的安全生产管理人员在检查中发现重大事故隐患，依照前款规定向本单位有关负责人报告，有关负责人不及时处理的，安全生产管理人员可以向主管的负有安全生产监督管理职责的部门报告，接到报告的部门应当依法及时处理。

第四十七条　生产经营单位应当安排用于配备劳动防护用品、进行安全生产培训的经费。

第四十八条　两个以上生产经营单位在同一作业区域内进行生产经营活动，可能危及对方生产安全的，应当签订安全生产管理协议，明确各自的安全生产管理职责和应当采取的安全措施，并指定专职安全生产管理人员进行安全检查与协调。

第四十九条　生产经营单位不得将生产经营项目、场所、设备发包或者出租给不具备安全生产条件或者相应资质的单位或者个人。

生产经营项目、场所发包或者出租给其他单位的，生产经营单位应当与承包单位、承租单位签订专门的安全生产管理协议，或者在承包合同、租赁合同中约定各自的安全生产管理职责；生产经营单位对承包单位、承租单位的安全生产工作统一协调、管理，定期进行安全检查，发现安全问题的，应当及时督促整改。

矿山、金属冶炼建设项目和用于生产、储存、装卸危险物品的建设项目的施工单位应当加强对施工项目的安全管理，不得倒卖、出租、出借、挂靠或者以其他形式非法转让施工资质，不得将其承包的全部建设工程转包给第三人或者将其承包的全部建设工程支解以后以分包的名义分别转包给第三人，不得将工程分包给不具备相应资质条件的单位。

第五十条 生产经营单位发生生产安全事故时,单位的主要负责人应当立即组织抢救,并不得在事故调查处理期间擅离职守。

第五十一条 生产经营单位必须依法参加工伤保险,为从业人员缴纳保险费。

国家鼓励生产经营单位投保安全生产责任保险;属于国家规定的高危行业、领域的生产经营单位,应当投保安全生产责任保险。具体范围和实施办法由国务院应急管理部门会同国务院财政部门、国务院保险监督管理机构和相关行业主管部门制定。

第三章 从业人员的安全生产权利义务

第五十二条 生产经营单位与从业人员订立的劳动合同,应当载明有关保障从业人员劳动安全、防止职业危害的事项,以及依法为从业人员办理工伤保险的事项。

生产经营单位不得以任何形式与从业人员订立协议,免除或者减轻其对从业人员因生产安全事故伤亡依法应承担的责任。

第五十三条 生产经营单位的从业人员有权了解其作业场所和工作岗位存在的危险因素、防范措施及事故应急措施,有权对本单位的安全生产工作提出建议。

第五十四条 从业人员有权对本单位安全生产工作中存在的问题提出批评、检举、控告;有权拒绝违章指挥和强令冒险作业。

生产经营单位不得因从业人员对本单位安全生产工作提出批评、检举、控告或者拒绝违章指挥、强令冒险作业而降低其工资、福利等待遇或者解除与其订立的劳动合同。

第五十五条 从业人员发现直接危及人身安全的紧急情况时,有权停止作业或者在采取可能的应急措施后撤离作业场所。

生产经营单位不得因从业人员在前款紧急情况下停止作业或者采取紧急撤离措施而降低其工资、福利等待遇或者解除与其订立的劳动合同。

第五十六条 生产经营单位发生生产安全事故后,应当及时采取措施救治有关人员。

因生产安全事故受到损害的从业人员,除依法享有工伤保险外,依照有关民事法律尚有获得赔偿的权利的，有权提出赔偿要求。

第五十七条 从业人员在作业过程中，应当严格落实岗位安全责任，遵守本单位的安全生产规章制度和操作规程，服从管理，正确佩戴和使用劳动防护用品。

第五十八条 从业人员应当接受安全生产教育和培训，掌握本职工作所需的安全生产知识，提高安全生产技能，增强事故预防和应急处理能力。

第五十九条 从业人员发现事故隐患或者其他不安全因素，应当立即向现场安全生产管理人员或者本单位负责人报告；接到报告的人员应当及时予以处理。

第六十条 工会有权对建设项目的安全设施与主体工程同时设计、同时施工、同时投入生产和使用进行监督，提出意见。

工会对生产经营单位违反安全生产法律、法规，侵犯从业人员合法权益的行为，有权要求纠正；发现生产经营单位违章指挥、强令冒险作业或者发现事故隐患时，有权提出解决的建议，生产经营单位应当及时研究答复；发现危及从业人员生命安全的情况时，有权向生产经营单位建议组织从业人员撤离危险场所，生产经营单位必须立即作出处理。

工会有权依法参加事故调查，向有关部门提出处理意见，并要求追究有关人员的责任。

第六十一条 生产经营单位使用被派遣劳动者的，被派遣劳动者享有本法规定的从业人员的权利，并应当履行本法规定的从业人员的义务。

第四章　安全生产的监督管理

第六十二条 县级以上地方各级人民政府应当根据本行政区域内的安全生产状况，组织有关部门按照职责分工，对本行政区域内容易发生重大生产安全事故的生产经营单位进行严格检查。

应急管理部门应当按照分类分级监督管理的要求，制定安全生产年度监督检查计划，并按照年度监督检查计划进行监督检查，发现事故隐患，应当及时处理。

第六十三条 负有安全生产监督管理职责的部门依照有关法律、法规的规定，对涉及安全生产的事项需要审查批准（包括批准、核准、许可、注册、认证、颁发证照等，下同）或者验收的，必须严格依照有关法律、法规和国家标准或者行业标准规定的安全生产条件和程序进行审查；不符合有关法律、法规和国家标准或者行业标准规定的安全生产条件的，不得批准或者验收通过。对未依法取得批准或者验收合格的单位擅自从事有关活动的，负责行政审批的部门发现或者接到举报后应当立即予以取缔，并依法予以处理。对已经依法取得批准的单位，负责行政审批的部门发现其不再具备安全生产条件的，应当撤销原批准。

第六十四条　负有安全生产监督管理职责的部门对涉及安全生产的事项进行审查、验收，不得收取费用；不得要求接受审查、验收的单位购买其指定品牌或者指定生产、销售单位的安全设备、器材或者其他产品。

第六十五条　应急管理部门和其他负有安全生产监督管理职责的部门依法开展安全生产行政执法工作，对生产经营单位执行有关安全生产的法律、法规和国家标准或者行业标准的情况进行监督检查，行使以下职权：

（一）进入生产经营单位进行检查，调阅有关资料，向有关单位和人员了解情况；

（二）对检查中发现的安全生产违法行为，当场予以纠正或者要求限期改正；对依法应当给予行政处罚的行为，依照本法和其他有关法律、行政法规的规定作出行政处罚决定；

（三）对检查中发现的事故隐患，应当责令立即排除；重大事故隐患排除前或者排除过程中无法保证安全的，应当责令从危险区域内撤出作业人员，责令暂时停产停业或者停止使用相关设施、设备；重大事故隐患排除后，经审查同意，方可恢复生产经营和使用；

（四）对有根据认为不符合保障安全生产的国家标准或者行业标准的设施、设备、器材以及违法生产、储存、使用、经营、运输的危险物品予以查封或者扣押，对违法生产、储存、使用、经营危险物品的作业场所予以查封，并依法作出处理决定。

监督检查不得影响被检查单位的正常生产经营活动。

第六十六条　生产经营单位对负有安全生产监督管理职责的部门的监督检查人员（以下统称安全生产监督检查人员）依法履行监督检查职

责，应当予以配合，不得拒绝、阻挠。

第六十七条 安全生产监督检查人员应当忠于职守，坚持原则，秉公执法。

安全生产监督检查人员执行监督检查任务时，必须出示有效的行政执法证件；对涉及被检查单位的技术秘密和业务秘密，应当为其保密。

第六十八条 安全生产监督检查人员应当将检查的时间、地点、内容、发现的问题及其处理情况，作出书面记录，并由检查人员和被检查单位的负责人签字；被检查单位的负责人拒绝签字的，检查人员应当将情况记录在案，并向负有安全生产监督管理职责的部门报告。

第六十九条 负有安全生产监督管理职责的部门在监督检查中，应当互相配合，实行联合检查；确需分别进行检查的，应当互通情况，发现存在的安全问题应当由其他有关部门进行处理的，应当及时移送其他有关部门并形成记录备查，接受移送的部门应当及时进行处理。

第七十条 负有安全生产监督管理职责的部门依法对存在重大事故隐患的生产经营单位作出停产停业、停止施工、停止使用相关设施或者设备的决定，生产经营单位应当依法执行，及时消除事故隐患。生产经营单位拒不执行，有发生生产安全事故的现实危险的，在保证安全的前提下，经本部门主要负责人批准，负有安全生产监督管理职责的部门可以采取通知有关单位停止供电、停止供应民用爆炸物品等措施，强制生产经营单位履行决定。通知应当采用书面形式，有关单位应当予以配合。

负有安全生产监督管理职责的部门依照前款规定采取停止供电措施，除有危及生产安全的紧急情形外，应当提前二十四小时通知生产经营单位。生产经营单位依法履行行政决定、采取相应措施消除事故隐患的，负有安全生产监督管理职责的部门应当及时解除前款规定的措施。

第七十一条 监察机关依照监察法的规定，对负有安全生产监督管理职责的部门及其工作人员履行安全生产监督管理职责实施监察。

第七十二条 承担安全评价、认证、检测、检验职责的机构应当具备国家规定的资质条件，并对其作出的安全评价、认证、检测、检验结果的合法性、真实性负责。资质条件由国务院应急管理部门会同国务院有关部门制定。

承担安全评价、认证、检测、检验职责的机构应当建立并实施服务公开和报告公开制度，不得租借资质、挂靠、出具虚假报告。

第七十三条　负有安全生产监督管理职责的部门应当建立举报制度，公开举报电话、信箱或者电子邮件地址等网络举报平台，受理有关安全生产的举报；受理的举报事项经调查核实后，应当形成书面材料；需要落实整改措施的，报经有关负责人签字并督促落实。对不属于本部门职责，需要由其他有关部门进行调查处理的，转交其他有关部门处理。

涉及人员死亡的举报事项，应当由县级以上人民政府组织核查处理。

第七十四条　任何单位或者个人对事故隐患或者安全生产违法行为，均有权向负有安全生产监督管理职责的部门报告或者举报。

因安全生产违法行为造成重大事故隐患或者导致重大事故，致使国家利益或者社会公共利益受到侵害的，人民检察院可以根据民事诉讼法、行政诉讼法的相关规定提起公益诉讼。

第七十五条　居民委员会、村民委员会发现其所在区域内的生产经营单位存在事故隐患或者安全生产违法行为时，应当向当地人民政府或者有关部门报告。

第七十六条　县级以上各级人民政府及其有关部门对报告重大事故隐患或者举报安全生产违法行为的有功人员，给予奖励。具体奖励办法由国务院应急管理部门会同国务院财政部门制定。

第七十七条　新闻、出版、广播、电影、电视等单位有进行安全生产公益宣传教育的义务，有对违反安全生产法律、法规的行为进行舆论监督的权利。

第七十八条　负有安全生产监督管理职责的部门应当建立安全生产违法行为信息库，如实记录生产经营单位及其有关从业人员的安全生产违法行为信息；对违法行为情节严重的生产经营单位及其有关从业人员，应当及时向社会公告，并通报行业主管部门、投资主管部门、自然资源主管部门、生态环境主管部门、证券监督管理机构以及有关金融机构。有关部门和机构应当对存在失信行为的生产经营单位及其有关从业人员采取加大执法检查频次、暂停项目审批、上调有关保险费率、行业或者职业禁入等联合惩戒措施，并向社会公示。

负有安全生产监督管理职责的部门应当加强对生产经营单位行政处罚信息的及时归集、共享、应用和公开，对生产经营单位作出处罚决定后七个工作日内在监督管理部门公示系统予以公开曝光，强化对违法失信生产经营单位及其有关从业人员的社会监督，提高全社会安全生产诚信水平。

第五章　生产安全事故的应急救援与调查处理

第七十九条　国家加强生产安全事故应急能力建设，在重点行业、领域建立应急救援基地和应急救援队伍，并由国家安全生产应急救援机构统一协调指挥；鼓励生产经营单位和其他社会力量建立应急救援队伍，配备相应的应急救援装备和物资，提高应急救援的专业化水平。

国务院应急管理部门牵头建立全国统一的生产安全事故应急救援信息系统，国务院交通运输、住房和城乡建设、水利、民航等有关部门和县级以上地方人民政府建立健全相关行业、领域、地区的生产安全事故应急救援信息系统，实现互联互通、信息共享，通过推行网上安全信息采集、安全监管和监测预警，提升监管的精准化、智能化水平。

第八十条　县级以上地方各级人民政府应当组织有关部门制定本行政区域内生产安全事故应急救援预案，建立应急救援体系。

乡镇人民政府和街道办事处，以及开发区、工业园区、港区、风景区等应当制定相应的生产安全事故应急救援预案，协助人民政府有关部门或者按照授权依法履行生产安全事故应急救援工作职责。

第八十一条　生产经营单位应当制定本单位生产安全事故应急救援预案，与所在地县级以上地方人民政府组织制定的生产安全事故应急救援预案相衔接，并定期组织演练。

第八十二条　危险物品的生产、经营、储存单位以及矿山、金属冶炼、城市轨道交通运营、建筑施工单位应当建立应急救援组织；生产经营规模较小的，可以不建立应急救援组织，但应当指定兼职的应急救援人员。

危险物品的生产、经营、储存、运输单位以及矿山、金属冶炼、城市轨道交通运营、建筑施工单位应当配备必要的应急救援器材、设备和物资，并进行经常性维护、保养，保证正常运转。

第八十三条　生产经营单位发生生产安全事故后，事故现场有关人员应当立即报告本单位负责人。

单位负责人接到事故报告后，应当迅速采取有效措施，组织抢救，防止事故扩大，减少人员伤亡和财产损失，并按照国家有关规定立即如实报告当地负有安全生产监督管理职责的部门，不得隐瞒不报、谎报或者迟报，不得故意破坏事故现场、毁灭有关证据。

第八十四条 负有安全生产监督管理职责的部门接到事故报告后，应当立即按照国家有关规定上报事故情况。负有安全生产监督管理职责的部门和有关地方人民政府对事故情况不得隐瞒不报、谎报或者迟报。

第八十五条 有关地方人民政府和负有安全生产监督管理职责的部门的负责人接到生产安全事故报告后，应当按照生产安全事故应急救援预案的要求立即赶到事故现场，组织事故抢救。

参与事故抢救的部门和单位应当服从统一指挥，加强协同联动，采取有效的应急救援措施，并根据事故救援的需要采取警戒、疏散等措施，防止事故扩大和次生灾害的发生，减少人员伤亡和财产损失。

事故抢救过程中应当采取必要措施，避免或者减少对环境造成的危害。

任何单位和个人都应当支持、配合事故抢救，并提供一切便利条件。

第八十六条 事故调查处理应当按照科学严谨、依法依规、实事求是、注重实效的原则，及时、准确地查清事故原因，查明事故性质和责任，评估应急处置工作，总结事故教训，提出整改措施，并对事故责任单位和人员提出处理建议。事故调查报告应当依法及时向社会公布。事故调查和处理的具体办法由国务院制定。

事故发生单位应当及时全面落实整改措施，负有安全生产监督管理职责的部门应当加强监督检查。

负责事故调查处理的国务院有关部门和地方人民政府应当在批复事故调查报告后一年内，组织有关部门对事故整改和防范措施落实情况进行评估，并及时向社会公开评估结果；对不履行职责导致事故整改和防范措施没有落实的有关单位和人员，应当按照有关规定追究责任。

第八十七条 生产经营单位发生生产安全事故，经调查确定为责任事故的，除了应当查明事故单位的责任并依法予以追究外，还应当查明对安全生产的有关事项负有审查批准和监督职责的行政部门的责任，对有失职、渎职行为的，依照本法第九十条的规定追究法律责任。

第八十八条 任何单位和个人不得阻挠和干涉对事故的依法调查处理。

第八十九条 县级以上地方各级人民政府应急管理部门应当定期统计分析本行政区域内发生生产安全事故的情况,并定期向社会公布。

第六章 法律责任

第九十条 负有安全生产监督管理职责的部门的工作人员,有下列行为之一的,给予降级或者撤职的处分;构成犯罪的,依照刑法有关规定追究刑事责任:

(一)对不符合法定安全生产条件的涉及安全生产的事项予以批准或者验收通过的;

(二)发现未依法取得批准、验收的单位擅自从事有关活动或者接到举报后不予取缔或者不依法予以处理的;

(三)对已经依法取得批准的单位不履行监督管理职责,发现其不再具备安全生产条件而不撤销原批准或者发现安全生产违法行为不予查处的;

(四)在监督检查中发现重大事故隐患,不依法及时处理的。

负有安全生产监督管理职责的部门的工作人员有前款规定以外的滥用职权、玩忽职守、徇私舞弊行为的,依法给予处分;构成犯罪的,依照刑法有关规定追究刑事责任。

第九十一条 负有安全生产监督管理职责的部门,要求被审查、验收的单位购买其指定的安全设备、器材或者其他产品的,在对安全生产事项的审查、验收中收取费用的,由其上级机关或者监察机关责令改正,责令退还收取的费用;情节严重的,对直接负责的主管人员和其他直接责任人员依法给予处分。

第九十二条 承担安全评价、认证、检测、检验职责的机构出具失实报告的,责令停业整顿,并处三万元以上十万元以下的罚款;给他人造成损害的,依法承担赔偿责任。

承担安全评价、认证、检测、检验职责的机构租借资质、挂靠、出具虚假报告的,没收违法所得;违法所得在十万元以上的,并处违法所得二倍以上五倍以下的罚款,没有违法所得或者违法所得不足十万元的,单处或者并处十万元以上二十万元以下的罚款;对其直接负责的主管人员和其他直接责任人员处五万元以上十万元以下的罚款;给他人造成损害的,与生产经营单位承担连带赔偿责任;构成犯罪的,依照刑法有关规定追究刑事责任。

对有前款违法行为的机构及其直接责任人员,吊销其相应资质和资格,五年内不得从事安全评价、认证、检测、检验等工作;情节严重的,实行终身行业和职业禁入。

第九十三条 生产经营单位的决策机构、主要负责人或者个人经营的投资人不依照本法规定保证安全生产所必需的资金投入,致使生产经营单位不具备安全生产条件的,责令限期改正,提供必需的资金;逾期未改正的,责令生产经营单位停产停业整顿。

有前款违法行为,导致发生生产安全事故的,对生产经营单位的主要负责人给予撤职处分,对个人经营的投资人处二万元以上二十万元以下的罚款;构成犯罪的,依照刑法有关规定追究刑事责任。

第九十四条 生产经营单位的主要负责人未履行本法规定的安全生产管理职责的,责令限期改正,处二万元以上五万元以下的罚款;逾期未改正的,处五万元以上十万元以下的罚款,责令生产经营单位停产停业整顿。

生产经营单位的主要负责人有前款违法行为,导致发生生产安全事故的,给予撤职处分;构成犯罪的,依照刑法有关规定追究刑事责任。

生产经营单位的主要负责人依照前款规定受刑事处罚或者撤职处分的,自刑罚执行完毕或者受处分之日起,五年内不得担任任何生产经营单位的主要负责人;对重大、特别重大生产安全事故负有责任的,终身不得担任本行业生产经营单位的主要负责人。

第九十五条 生产经营单位的主要负责人未履行本法规定的安全生产管理职责,导致发生生产安全事故的,由应急管理部门依照下列规定处以罚款:

(一)发生一般事故的,处上一年年收入百分之四十的罚款;

(二)发生较大事故的,处上一年年收入百分之六十的罚款;

(三)发生重大事故的,处上一年年收入百分之八十的罚款;

（四）发生特别重大事故的，处上一年年收入百分之一百的罚款。

第九十六条 生产经营单位的其他负责人和安全生产管理人员未履行本法规定的安全生产管理职责的，责令限期改正，处一万元以上三万元以下的罚款；导致发生生产安全事故的，暂停或者吊销其与安全生产有关的资格，并处上一年年收入百分之二十以上百分之五十以下的罚款；构成犯罪的，依照刑法有关规定追究刑事责任。

第九十七条 生产经营单位有下列行为之一的，责令限期改正，处十万元以下的罚款；逾期未改正的，责令停产停业整顿，并处十万元以上二十万元以下的罚款，对其直接负责的主管人员和其他直接责任人员处二万元以上五万元以下的罚款：

（一）未按照规定设置安全生产管理机构或者配备安全生产管理人员、注册安全工程师的；

（二）危险物品的生产、经营、储存、装卸单位以及矿山、金属冶炼、建筑施工、运输单位的主要负责人和安全生产管理人员未按照规定经考核合格的；

（三）未按照规定对从业人员、被派遣劳动者、实习学生进行安全生产教育和培训，或者未按照规定如实告知有关的安全生产事项的；

（四）未如实记录安全生产教育和培训情况的；

（五）未将事故隐患排查治理情况如实记录或者未向从业人员通报的；

（六）未按照规定制定生产安全事故应急救援预案或者未定期组织演练的；

（七）特种作业人员未按照规定经专门的安全作业培训并取得相应资格，上岗作业的。

第九十八条 生产经营单位有下列行为之一的，责令停止建设或者停产停业整顿，限期改正，并处十万元以上五十万元以下的罚款，对其直接负责的主管人员和其他直接责任人员处二万元以上五万元以下的罚款；逾期未改正的，处五十万元以上一百万元以下的罚款，对其直接负责的主管人员和其他直接责任人员处五万元以上十万元以下的罚款；构成犯罪的，依照刑法有关规定追究刑事责任：

（一）未按照规定对矿山、金属冶炼建设项目或者用于生产、储存、装卸危险物品的建设项目进行安全评价的；

（二）矿山、金属冶炼建设项目或者用于生产、储存、装卸危险物品的建设项目没有安全设施设计或者安全设施设计未按照规定报经有关部门审查同意的；

（三）矿山、金属冶炼建设项目或者用于生产、储存、装卸危险物品的建设项目的施工单位未按照批准的安全设施设计施工的；

（四）矿山、金属冶炼建设项目或者用于生产、储存、装卸危险物品的建设项目竣工投入生产或者使用前，安全设施未经验收合格的。

第九十九条 生产经营单位有下列行为之一的，责令限期改正，处五万元以下的罚款；逾期未改正的，处五万元以上二十万元以下的罚款，对其直接负责的主管人员和其他直接责任人员处一万元以上二万元以下的罚款；情节严重的，责令停产停业整顿；构成犯罪的，依照刑法有关规定追究刑事责任：

（一）未在有较大危险因素的生产经营场所和有关设施、设备上设置明显的安全警示标志的；

（二）安全设备的安装、使用、检测、改造和报废不符合国家标准或者行业标准的；

（三）未对安全设备进行经常性维护、保养和定期检测的；

（四）关闭、破坏直接关系生产安全的监控、报警、防护、救生设备、设施，或者篡改、隐瞒、销毁其相关数据、信息的；

（五）未为从业人员提供符合国家标准或者行业标准的劳动防护用品的；

（六）危险物品的容器、运输工具，以及涉及人身安全、危险性较大的海洋石油开采特种设备和矿山井下特种设备未经具有专业资质的机构检测、检验合格，取得安全使用证或者安全标志，投入使用的；

（七）使用应当淘汰的危及生产安全的工艺、设备的；

（八）餐饮等行业的生产经营单位使用燃气未安装可燃气体报警装置的。

第一百条 未经依法批准，擅自生产、经营、运输、储存、使用危险物品或者处置废弃危险物品的，依照有关危险物品安全管理的法律、行政法规的规定予以处罚；构成犯罪的，依照刑法有关规定追究刑事责任。

第一百零一条　生产经营单位有下列行为之一的，责令限期改正，处十万元以下的罚款；逾期未改正的，责令停产停业整顿，并处十万元以上二十万元以下的罚款，对其直接负责的主管人员和其他直接责任人员处二万元以上五万元以下的罚款；构成犯罪的，依照刑法有关规定追究刑事责任：

（一）生产、经营、运输、储存、使用危险物品或者处置废弃危险物品，未建立专门安全管理制度、未采取可靠的安全措施的；

（二）对重大危险源未登记建档，未进行定期检测、评估、监控，未制定应急预案，或者未告知应急措施的；

（三）进行爆破、吊装、动火、临时用电以及国务院应急管理部门会同国务院有关部门规定的其他危险作业，未安排专门人员进行现场安全管理的；

（四）未建立安全风险分级管控制度或者未按照安全风险分级采取相应管控措施的；

（五）未建立事故隐患排查治理制度，或者重大事故隐患排查治理情况未按照规定报告的。

第一百零二条　生产经营单位未采取措施消除事故隐患的，责令立即消除或者限期消除，处五万元以下的罚款；生产经营单位拒不执行的，责令停产停业整顿，对其直接负责的主管人员和其他直接责任人员处五万元以上十万元以下的罚款；构成犯罪的，依照刑法有关规定追究刑事责任。

第一百零三条　生产经营单位将生产经营项目、场所、设备发包或者出租给不具备安全生产条件或者相应资质的单位或者个人的，责令限期改正，没收违法所得；违法所得十万元以上的，并处违法所得二倍以上五倍以下的罚款；没有违法所得或者违法所得不足十万元的，单处或者并处十万元以上二十万元以下的罚款；对其直接负责的主管人员和其他直接责任人员处一万元以上二万元以下的罚款；导致发生生产安全事故给他人造成损害的，与承包方、承租方承担连带赔偿责任。

生产经营单位未与承包单位、承租单位签订专门的安全生产管理协议或者未在承包合同、租赁合同中明确各自的安全生产管理职责，或者未对承包单位、承租单位的安全生产统一协调、管理的，责令限期改正，处五万元以下的罚款，对其直接负责的主管人员和其他直接责任人员处一万元以下的罚款；逾期未改正的，责令停产停业整顿。

矿山、金属冶炼建设项目和用于生产、储存、装卸危险物品的建设项目的施工单位未按照规定对施工项目进行安全管理的，责令限期改正，处十万元以下的罚款，对其直接负责的主管人员和其他直接责任人员处二万元以下的罚款；逾期未改正的，责令停产停业整顿。以上施工单位倒卖、出租、出借、挂靠或者以其他形式非法转让施工资质的，责令停产停业整顿，吊销资质证书，没收违法所得；违法所得十万元以上的，并处违法所得二倍以上五倍以下的罚款，没有违法所得或者违法所得不足十万元的，单处或者并处十万元以上二十万元以下的罚款；对其直接负责的主管人员和其他直接责任人员处五万元以上十万元以下的罚款；构成犯罪的，依照刑法有关规定追究刑事责任。

第一百零四条　两个以上生产经营单位在同一作业区域内进行可能危及对方安全生产的生产经营活动，未签订安全生产管理协议或者未指定专职安全生产管理人员进行安全检查与协调的，责令限期改正，处五万元以下的罚款，对其直接负责的主管人员和其他直接责任人员处一万元以下的罚款；逾期未改正的，责令停产停业。

第一百零五条　生产经营单位有下列行为之一的，责令限期改正，处五万元以下的罚款，对其直接负责的主管人员和其他直接责任人员处一万元以下的罚款；逾期未改正的，责令停产停业整顿；构成犯罪的，依照刑法有关规定追究刑事责任：

（一）生产、经营、储存、使用危险物品的车间、商店、仓库与员工宿舍在同一座建筑内，或者与员工宿舍的距离不符合安全要求的；

（二）生产经营场所和员工宿舍未设有符合紧急疏散需要、标志明显、保持畅通的出口、疏散通道，或者占用、锁闭、封堵生产经营场所或者员工宿舍出口、疏散通道的。

第一百零六条　生产经营单位与从业人员订立协议，免除或者减轻其对从业人员因生产安全事故伤亡依法应承担的责任的，该协议无效；对生产经营单位的主要负责人、个人经营的投资人处二万元以上十万元以下的罚款。

第一百零七条　生产经营单位的从业人员不落实岗位安全责任，不服从管理，违反安全生产规章制度或者操作规程的，由生产经营单位给予批评教育，依照有关规章制度给予处分；构成犯罪的，依照刑法有关规定追究刑事责任。

第一百零八条 违反本法规定，生产经营单位拒绝、阻碍负有安全生产监督管理职责的部门依法实施监督检查的，责令改正；拒不改正的，处二万元以上二十万元以下的罚款；对其直接负责的主管人员和其他直接责任人员处一万元以上二万元以下的罚款；构成犯罪的，依照刑法有关规定追究刑事责任。

第一百零九条 高危行业、领域的生产经营单位未按照国家规定投保安全生产责任保险的，责令限期改正，处五万元以上十万元以下的罚款；逾期未改正的，处十万元以上二十万元以下的罚款。

第一百一十条 生产经营单位的主要负责人在本单位发生生产安全事故时，不立即组织抢救或者在事故调查处理期间擅离职守或者逃匿的，给予降级、撤职的处分，并由应急管理部门处上一年年收入百分之六十至百分之一百的罚款；对逃匿的处十五日以下拘留；构成犯罪的，依照刑法有关规定追究刑事责任。

生产经营单位的主要负责人对生产安全事故隐瞒不报、谎报或者迟报的，依照前款规定处罚。

第一百一十一条 有关地方人民政府、负有安全生产监督管理职责的部门，对生产安全事故隐瞒不报、谎报或者迟报的，对直接负责的主管人员和其他直接责任人员依法给予处分；构成犯罪的，依照刑法有关规定追究刑事责任。

第一百一十二条 生产经营单位违反本法规定，被责令改正且受到罚款处罚，拒不改正的，负有安全生产监督管理职责的部门可以自作出责令改正之日的次日起，按照原处罚数额按日连续处罚。

第一百一十三条 生产经营单位存在下列情形之一的，负有安全生产监督管理职责的部门应当提请地方人民政府予以关闭，有关部门应当依法吊销其有关证照。生产经营单位主要负责人五年内不得担任任何生产经营单位的主要负责人；情节严重的，终身不得担任本行业生产经营单位的主要负责人：

（一）存在重大事故隐患，一百八十日内三次或者一年内四次受到本

法规定的行政处罚的;

(二)经停产停业整顿,仍不具备法律、行政法规和国家标准或者行业标准规定的安全生产条件的;

(三)不具备法律、行政法规和国家标准或者行业标准规定的安全生产条件,导致发生重大、特别重大生产安全事故的;

(四)拒不执行负有安全生产监督管理职责的部门作出的停产停业整顿决定的。

第一百一十四条 发生生产安全事故,对负有责任的生产经营单位除要求其依法承担相应的赔偿等责任外,由应急管理部门依照下列规定处以罚款:

(一)发生一般事故的,处三十万元以上一百万元以下的罚款;

(二)发生较大事故的,处一百万元以上二百万元以下的罚款;

(三)发生重大事故的,处二百万元以上一千万元以下的罚款;

(四)发生特别重大事故的,处一千万元以上二千万元以下的罚款。

发生生产安全事故,情节特别严重、影响特别恶劣的,应急管理部门可以按照前款罚款数额的二倍以上五倍以下对负有责任的生产经营单位处以罚款。

第一百一十五条 本法规定的行政处罚,由应急管理部门和其他负有安全生产监督管理职责的部门按照职责分工决定;其中,根据本法第九十五条、第一百一十条、第一百一十四条的规定应当给予民航、铁路、电力行业的生产经营单位及其主要负责人行政处罚的,也可以由主管的负有安全生产监督管理职责的部门进行处罚。予以关闭的行政处罚,由负有安全生产监督管理职责的部门报请县级以上人民政府按照国务院规定的权限决定;给予拘留的行政处罚,由公安机关依照治安管理处罚的规定决定。

第一百一十六条 生产经营单位发生生产安全事故造成人员伤亡、他人财产损失的,应当依法承担赔偿责任;拒不承担或者其负责人逃匿的,由人民法院依法强制执行。

生产安全事故的责任人未依法承担赔偿责任,经人民法院依法采取执行措施后,仍不能对受害人给予足额赔偿的,应当继续履行赔偿义务;受害人发现责任人有其他财产的,可以随时请求人民法院执行。

第七章　附　　则

第一百一十七条　本法下列用语的含义：

危险物品，是指易燃易爆物品、危险化学品、放射性物品等能够危及人身安全和财产安全的物品。

重大危险源，是指长期地或者临时地生产、搬运、使用或者储存危险物品，且危险物品的数量等于或者超过临界量的单元（包括场所和设施）。

第一百一十八条　本法规定的生产安全一般事故、较大事故、重大事故、特别重大事故的划分标准由国务院规定。

国务院应急管理部门和其他负有安全生产监督管理职责的部门应当根据各自的职责分工，制定相关行业、领域重大危险源的辨识标准和重大事故隐患的判定标准。

第一百一十九条　本法自2002年11月1日起施行。

中华人民共和国社会保险法（节录）

（2010年10月28日第十一届全国人民代表大会常务委员会第十七次会议通过　根据2018年12月29日第十三届全国人民代表大会常务委员会第七次会议《关于修改〈中华人民共和国社会保险法〉的决定》修正）

第四章　工伤保险

第三十三条　职工应当参加工伤保险，由用人单位缴纳工伤保险费，职工不缴纳工伤保险费。

第三十四条　国家根据不同行业的工伤风险程度确定行业的差别费率，并根据使用工伤保险基金、工伤发生率等情况在每个行业内确定费率档次。行业差别费率和行业内费率档次由国务院社会保险行政部门制定，报国务院批准后公布施行。

社会保险经办机构根据用人单位使用工伤保险基金、工伤发生率和所属行业费率档次等情况，确定用人单位缴费费率。

第三十五条　用人单位应当按照本单位职工工资总额，根据社会保险经办机构确定的费率缴纳工伤保险费。

第三十六条　职工因工作原因受到事故伤害或者患职业病，且经工伤认定的，享受工伤保险待遇；其中，经劳动能力鉴定丧失劳动能力的，享受伤残待遇。

工伤认定和劳动能力鉴定应当简捷、方便。

第三十七条　职工因下列情形之一导致本人在工作中伤亡的，不认定为工伤：

（一）故意犯罪；

（二）醉酒或者吸毒；

（三）自残或者自杀；

（四）法律、行政法规规定的其他情形。

第三十八条　因工伤发生的下列费用，按照国家规定从工伤保险基金中支付：

（一）治疗工伤的医疗费用和康复费用；

（二）住院伙食补助费；

（三）到统筹地区以外就医的交通食宿费；

（四）安装配置伤残辅助器具所需费用；

（五）生活不能自理的，经劳动能力鉴定委员会确认的生活护理费；

（六）一次性伤残补助金和一至四级伤残职工按月领取的伤残津贴；

（七）终止或者解除劳动合同时，应当享受的一次性医疗补助金；

（八）因工死亡的，其遗属领取的丧葬补助金、供养亲属抚恤金和因工死亡补助金；

（九）劳动能力鉴定费。

第三十九条　因工伤发生的下列费用，按照国家规定由用人单位支付：

（一）治疗工伤期间的工资福利；

(二)五级、六级伤残职工按月领取的伤残津贴;

(三)终止或者解除劳动合同时,应当享受的一次性伤残就业补助金。

第四十条　工伤职工符合领取基本养老金条件的,停发伤残津贴,享受基本养老保险待遇。基本养老保险待遇低于伤残津贴的,从工伤保险基金中补足差额。

第四十一条　职工所在用人单位未依法缴纳工伤保险费,发生工伤事故的,由用人单位支付工伤保险待遇。用人单位不支付的,从工伤保险基金中先行支付。

从工伤保险基金中先行支付的工伤保险待遇应当由用人单位偿还。用人单位不偿还的,社会保险经办机构可以依照本法第六十三条的规定追偿。

第四十二条　由于第三人的原因造成工伤,第三人不支付工伤医疗费用或者无法确定第三人的,由工伤保险基金先行支付。工伤保险基金先行支付后,有权向第三人追偿。

第四十三条　工伤职工有下列情形之一的,停止享受工伤保险待遇:

(一)丧失享受待遇条件的;

(二)拒不接受劳动能力鉴定的;

(三)拒绝治疗的。

工伤保险条例(节录)

(2003 年 4 月 27 日中华人民共和国国务院令第 375 号公布　根据 2010 年 12 月 20 日《国务院关于修改〈工伤保险条例〉的决定》修订)

第二条　中华人民共和国境内的企业、事业单位、社会团体、民办非企业单位、基金会、律师事务所、会计师事务所等组织和有雇工的个体工商户（以下称用人单位）应当依照本条例规定参加工伤保险，为本单位全部职工或者雇工（以下称职工）缴纳工伤保险费。

中华人民共和国境内的企业、事业单位、社会团体、民办非企业单位、基金会、律师事务所、会计师事务所等组织的职工和个体工商户的雇工，均有依照本条例的规定享受工伤保险待遇的权利。

第五条 国务院社会保险行政部门负责全国的工伤保险工作。

县级以上地方各级人民政府社会保险行政部门负责本行政区域内的工伤保险工作。

社会保险行政部门按照国务院有关规定设立的社会保险经办机构（以下称经办机构）具体承办工伤保险事务。

第三章 工 伤 认 定

第十四条 职工有下列情形之一的，应当认定为工伤：

（一）在工作时间和工作场所内，因工作原因受到事故伤害的；

（二）工作时间前后在工作场所内，从事与工作有关的预备性或者收尾性工作受到事故伤害的；

（三）在工作时间和工作场所内，因履行工作职责受到暴力等意外伤害的；

（四）患职业病的；

（五）因工外出期间，由于工作原因受到伤害或者发生事故下落不明的；

（六）在上下班途中，受到非本人主要责任的交通事故或者城市轨道交通、客运轮渡、火车事故伤害的；

（七）法律、行政法规规定应当认定为工伤的其他情形。

第十五条 职工有下列情形之一的，视同工伤：

（一）在工作时间和工作岗位，突发疾病死亡或者在 48 小时之内经抢救无效死亡的；

（二）在抢险救灾等维护国家利益、公共利益活动中受到伤害的；

（三）职工原在军队服役，因战、因公负伤致残，已取得革命伤残军人证,到用人单位后旧伤复发的。

职工有前款第(一)项、第(二)项情形的,按照本条例的有关规定享受工伤保险待遇;职工有前款第(三)项情形的,按照本条例的有关规定享受除一次性伤残补助金以外的工伤保险待遇。

第十六条 职工符合本条例第十四条、第十五条的规定,但是有下列情形之一的,不得认定为工伤或者视同工伤:

(一)故意犯罪的;

(二)醉酒或者吸毒的;

(三)自残或者自杀的。

第十七条 职工发生事故伤害或者按照职业病防治法规定被诊断、鉴定为职业病,所在单位应当自事故伤害发生之日或者被诊断、鉴定为职业病之日起30日内,向统筹地区社会保险行政部门提出工伤认定申请。遇有特殊情况,经报社会保险行政部门同意,申请时限可以适当延长。

用人单位未按前款规定提出工伤认定申请的,工伤职工或者其近亲属、工会组织在事故伤害发生之日或者被诊断、鉴定为职业病之日起1年内,可以直接向用人单位所在地统筹地区社会保险行政部门提出工伤认定申请。

按照本条第一款规定应当由省级社会保险行政部门进行工伤认定的事项,根据属地原则由用人单位所在地的设区的市级社会保险行政部门办理。

用人单位未在本条第一款规定的时限内提交工伤认定申请,在此期间发生符合本条例规定的工伤待遇等有关费用由该用人单位负担。

第十八条 提出工伤认定申请应当提交下列材料:

(一)工伤认定申请表;

(二)与用人单位存在劳动关系(包括事实劳动关系)的证明材料;

(三)医疗诊断证明或者职业病诊断证明书(或者职业病诊断鉴定书)。

工伤认定申请表应当包括事故发生的时间、地点、原因以及职工伤害程度等基本情况。

工伤认定申请人提供材料不完整的,社会保险行政部门应当一次性书面告知工伤认定申请人需要补正的全部材料。申请人按照书面告知要求补正材料后,社会保险行政部门应当受理。

第十九条 社会保险行政部门受理工伤认定申请后,根据审核需要可以对事故伤害进行调查核实,用人单位、职工、工会组织、医疗机构以及有关部门应当予以协助。职业病诊断和诊断争议的鉴定,依照职业病防治法的有关规定执行。对依法取得职业病诊断证明书或者职业病诊断鉴定书的,社会保险行政部门不再进行调查核实。

职工或者其近亲属认为是工伤,用人单位不认为是工伤的,由用人单位承担举证责任。

第二十条 社会保险行政部门应当自受理工伤认定申请之日起60日内作出工伤认定的决定,并书面通知申请工伤认定的职工或者其近亲属和该职工所在单位。

社会保险行政部门对受理的事实清楚、权利义务明确的工伤认定申请,应当在15日内作出工伤认定的决定。

作出工伤认定决定需要以司法机关或者有关行政主管部门的结论为依据的,在司法机关或者有关行政主管部门尚未作出结论期间,作出工伤认定决定的时限中止。

社会保险行政部门工作人员与工伤认定申请人有利害关系的,应当回避。

第四章 劳动能力鉴定

第二十一条 职工发生工伤,经治疗伤情相对稳定后存在残疾、影响劳动能力的,应当进行劳动能力鉴定。

第二十二条 劳动能力鉴定是指劳动功能障碍程度和生活自理障碍程度的等级鉴定。

劳动功能障碍分为十个伤残等级,最重的为一级,最轻的为十级。

生活自理障碍分为三个等级:生活完全不能自理、生活大部分不能自理和生活部分不能自理。

劳动能力鉴定标准由国务院社会保险行政部门会同国务院卫生行政部门等部门制定。

第二十三条 劳动能力鉴定由用人单位、工伤职工或者其近亲属向设区的市级劳动能力鉴定委员会提出申请,并提供工伤认定决定和职工工伤医疗的有关资料。

第二十四条 省、自治区、直辖市劳动能力鉴定委员会和设区的市级劳动能力鉴定委员会分别由省、自治区、直辖市和设区的市级社会保险行政部门、卫生行政部门、工会组织、经办机构代表以及用人单位代表组成。

劳动能力鉴定委员会建立医疗卫生专家库。列入专家库的医疗卫生专业技术人员应当具备下列条件:

(一)具有医疗卫生高级专业技术职务任职资格;

(二)掌握劳动能力鉴定的相关知识;

(三)具有良好的职业品德。

第二十五条 设区的市级劳动能力鉴定委员会收到劳动能力鉴定申请后,应当从其建立的医疗卫生专家库中随机抽取3名或者5名相关专家组成专家组,由专家组提出鉴定意见。设区的市级劳动能力鉴定委员会根据专家组的鉴定意见作出工伤职工劳动能力鉴定结论;必要时,可以委托具备资格的医疗机构协助进行有关的诊断。

设区的市级劳动能力鉴定委员会应当自收到劳动能力鉴定申请之日起60日内作出劳动能力鉴定结论,必要时,作出劳动能力鉴定结论的期限可以延长30日。劳动能力鉴定结论应当及时送达申请鉴定的单位和个人。

第二十六条 申请鉴定的单位或者个人对设区的市级劳动能力鉴定委员会作出的鉴定结论不服的,可以在收到该鉴定结论之日起15日内向省、自治区、直辖市劳动能力鉴定委员会提出再次鉴定申请。省、自治区、直辖市劳动能力鉴定委员会作出的劳动能力鉴定结论为最终结论。

第二十七条 劳动能力鉴定工作应当客观、公正。劳动能力鉴定委员会组成人员或者参加鉴定的专家与当事人有利害关系的,应当回避。

第二十八条 自劳动能力鉴定结论作出之日起1年后,工伤职工或者其近亲属、所在单位或者经办机构认为伤残情况发生变化的,可以申请劳动能力复查鉴定。

第二十九条 劳动能力鉴定委员会依照本条例第二十六条和第二十八条的规定进行再次鉴定和复查鉴定的期限,依照本条例第二十五条第二款的规定执行。

第五章 工伤保险待遇

第三十条 职工因工作遭受事故伤害或者患职业病进行治疗,享受工伤医疗待遇。

职工治疗工伤应当在签订服务协议的医疗机构就医,情况紧急时可以先到就近的医疗机构急救。

治疗工伤所需费用符合工伤保险诊疗项目目录、工伤保险药品目录、工伤保险住院服务标准的,从工伤保险基金支付。工伤保险诊疗项目目录、工伤保险药品目录、工伤保险住院服务标准,由国务院社会保险行政部门会同国务院卫生行政部门、食品药品监督管理部门等部门规定。

职工住院治疗工伤的伙食补助费,以及经医疗机构出具证明,报经办机构同意,工伤职工到统筹地区以外就医所需的交通、食宿费用从工伤保险基金支付,基金支付的具体标准由统筹地区人民政府规定。

工伤职工治疗非工伤引发的疾病,不享受工伤医疗待遇,按照基本医疗保险办法处理。

工伤职工到签订服务协议的医疗机构进行工伤康复的费用,符合规定的,从工伤保险基金支付。

第三十一条 社会保险行政部门作出认定为工伤的决定后发生行政复议、行政诉讼的,行政复议和行政诉讼期间不停止支付工伤职工治疗工伤的医疗费用。

第三十二条 工伤职工因日常生活或者就业需要,经劳动能力鉴定委员会确认,可以安装假肢、矫形器、假眼、假牙和配置轮椅等辅助器具,所需费用按照国家规定的标准从工伤保险基金支付。

第三十三条 职工因工作遭受事故伤害或者患职业病需要暂停工作接受工伤医疗的,在停工留薪期内,原工资福利待遇不变,由所在单位按月支付。

停工留薪期一般不超过 12 个月。伤情严重或者情况特殊,经设区的市级劳动能力鉴定委员会确认,可以适当延长,但延长不得超过 12 个月。

工伤职工评定伤残等级后,停发原待遇,按照本章的有关规定享受伤残待遇。工伤职工在停工留薪期满后仍需治疗的,继续享受工伤医疗待遇。

生活不能自理的工伤职工在停工留薪期需要护理的,由所在单位负责。

第三十四条 工伤职工已经评定伤残等级并经劳动能力鉴定委员会确认需要生活护理的,从工伤保险基金按月支付生活护理费。

生活护理费按照生活完全不能自理、生活大部分不能自理或者生活部分不能自理3个不同等级支付,其标准分别为统筹地区上年度职工月平均工资的50%、40%或者30%。

第三十五条 职工因工致残被鉴定为一级至四级伤残的,保留劳动关系,退出工作岗位,享受以下待遇:

(一)从工伤保险基金按伤残等级支付一次性伤残补助金,标准为:一级伤残为27个月的本人工资,二级伤残为25个月的本人工资,三级伤残为23个月的本人工资,四级伤残为21个月的本人工资;

(二)从工伤保险基金按月支付伤残津贴,标准为:一级伤残为本人工资的90%,二级伤残为本人工资的85%,三级伤残为本人工资的80%,四级伤残为本人工资的75%。伤残津贴实际金额低于当地最低工资标准的,由工伤保险基金补足差额;

(三)工伤职工达到退休年龄并办理退休手续后,停发伤残津贴,按照国家有关规定享受基本养老保险待遇。基本养老保险待遇低于伤残津贴的,由工伤保险基金补足差额。

职工因工致残被鉴定为一级至四级伤残的,由用人单位和职工个人以伤残津贴为基数,缴纳基本医疗保险费。

第三十六条 职工因工致残被鉴定为五级、六级伤残的,享受以下待遇:

(一)从工伤保险基金按伤残等级支付一次性伤残补助金,标准为:五级伤残为18个月的本人工资,六级伤残为16个月的本人工资;

(二)保留与用人单位的劳动关系,由用人单位安排适当工作。难以安排工作的,由用人单位按月发给伤残津贴,标准为:五级伤残为本人工资的70%,六级伤残为本人工资的60%,并由用人单位按照规定为其缴纳应缴纳的各项社会保险费。伤残津贴实际金额低于当地最低工资标准的,由用人单位补足差额。

经工伤职工本人提出,该职工可以与用人单位解除或者终止劳动关系,由工伤保险基金支付一次性工伤医疗补助金,由用人单位支付一次性伤残就业补助金。一次性工伤医疗补助金和一次性伤残就业补助金的具体标准由省、自治区、直辖市人民政府规定。

第三十七条 职工因工致残被鉴定为七级至十级伤残的,享受以下待遇:

(一)从工伤保险基金按伤残等级支付一次性伤残补助金,标准为:七级伤残为13个月的本人工资,八级伤残为11个月的本人工资,九级伤残为9个月的本人工资,十级伤残为7个月的本人工资;

(二)劳动、聘用合同期满终止,或者职工本人提出解除劳动、聘用合同的,由工伤保险基金支付一次性工伤医疗补助金,由用人单位支付一次性伤残就业补助金。一次性工伤医疗补助金和一次性伤残就业补助金的具体标准由省、自治区、直辖市人民政府规定。

第三十八条 工伤职工工伤复发,确认需要治疗的,享受本条例第三十条、第三十二条和第三十三条规定的工伤待遇。

第三十九条 职工因工死亡,其近亲属按照下列规定从工伤保险基金领取丧葬补助金、供养亲属抚恤金和一次性工亡补助金:

(一)丧葬补助金为6个月的统筹地区上年度职工月平均工资;

(二)供养亲属抚恤金按照职工本人工资的一定比例发给由因工死亡职工生前提供主要生活来源、无劳动能力的亲属。标准为:配偶每月40%,其他亲属每人每月30%,孤寡老人或者孤儿每人每月在上述标准的基础上增加10%。核定的各供养亲属的抚恤金之和不应高于因工死亡职工生前的工资。供养亲属的具体范围由国务院社会保险行政部门规定;

(三)一次性工亡补助金标准为上一年度全国城镇居民人均可支配收入的20倍。

伤残职工在停工留薪期内因工伤导致死亡的,其近亲属享受本条第一款规定的待遇。

一级至四级伤残职工在停工留薪期满后死亡的,其近亲属可以享受本条第一款第(一)项、第(二)项规定的待遇。

第四十条 伤残津贴、供养亲属抚恤金、生活护理费由统筹地区社会保险行政部门根据职工平均工资和生活费用变化等情况适时调整。调整办法由省、自治区、直辖市人民政府规定。

第四十一条 职工因工外出期间发生事故或者在抢险救灾中下落不明的,从事故发生当月起3个月内照发工资,从第4个月起停发工资,由工伤保险基金向其供养亲属按月支付供养亲属抚恤金。生活有困难的,可以预支一次性工亡补助金的50%。职工被人民法院宣告死亡的,按照本条例第三十九条职工因工死亡的规定处理。

第四十二条 工伤职工有下列情形之一的,停止享受工伤保险待遇:

(一)丧失享受待遇条件的;

(二)拒不接受劳动能力鉴定的;

(三)拒绝治疗的。

第四十三条 用人单位分立、合并、转让的,承继单位应当承担原用人单位的工伤保险责任;原用人单位已经参加工伤保险的,承继单位应当到当地经办机构办理工伤保险变更登记。

用人单位实行承包经营的,工伤保险责任由职工劳动关系所在单位承担。

职工被借调期间受到工伤事故伤害的,由原用人单位承担工伤保险责任,但原用人单位与借调单位可以约定补偿办法。

企业破产的,在破产清算时依法拨付应当由单位支付的工伤保险待遇费用。

第四十四条 职工被派遣出境工作,依据前往国家或者地区的法律应当参加当地工伤保险的,参加当地工伤保险,其国内工伤保险关系中止;不能参加当地工伤保险的,其国内工伤保险关系不中止。

第四十五条 职工再次发生工伤,根据规定应当享受伤残津贴的,按照新认定的伤残等级享受伤残津贴待遇。

职业病诊断与鉴定管理办法

（2021年1月4日国家卫生健康委员会令第6号公布
自公布之日起施行）

第一章　总　则

第一条　为了规范职业病诊断与鉴定工作，加强职业病诊断与鉴定管理，根据《中华人民共和国职业病防治法》（以下简称《职业病防治法》），制定本办法。

第二条　职业病诊断与鉴定工作应当按照《职业病防治法》、本办法的有关规定及《职业病分类和目录》、国家职业病诊断标准进行，遵循科学、公正、及时、便捷的原则。

第三条　国家卫生健康委负责全国范围内职业病诊断与鉴定的监督管理工作，县级以上地方卫生健康主管部门依据职责负责本行政区域内职业病诊断与鉴定的监督管理工作。

省、自治区、直辖市卫生健康主管部门（以下简称省级卫生健康主管部门）应当结合本行政区域职业病防治工作实际和医疗卫生服务体系规划，充分利用现有医疗卫生资源，实现职业病诊断机构区域覆盖。

第四条　各地要加强职业病诊断机构能力建设，提供必要的保障条件，配备相关的人员、设备和工作经费，以满足职业病诊断工作的需要。

第五条　各地要加强职业病诊断与鉴定信息化建设，建立健全劳动者接触职业病危害、开展职业健康检查、进行职业病诊断与鉴定等全过程的信息化系统，不断提高职业病诊断与鉴定信息报告的准确性、及时性和有效性。

第六条　用人单位应当依法履行职业病诊断、鉴定的相关义务：

（一）及时安排职业病病人、疑似职业病病人进行诊治；

（二）如实提供职业病诊断、鉴定所需的资料；

（三）承担职业病诊断、鉴定的费用和疑似职业病病人在诊断、医学观察期间的费用；

（四）报告职业病和疑似职业病；

（五）《职业病防治法》规定的其他相关义务。

第二章　诊断机构

第七条　医疗卫生机构开展职业病诊断工作，应当在开展之日起十五个工作日内向省级卫生健康主管部门备案。

省级卫生健康主管部门应当自收到完整备案材料之日起十五个工作日内向社会公布备案的医疗卫生机构名单、地址、诊断项目（即《职业病分类和目录》中的职业病类别和病种）等相关信息。

第八条　医疗卫生机构开展职业病诊断工作应当具备下列条件：

（一）持有《医疗机构执业许可证》；

（二）具有相应的诊疗科目及与备案开展的诊断项目相适应的职业病诊断医师及相关医疗卫生技术人员；

（三）具有与备案开展的诊断项目相适应的场所和仪器、设备；

（四）具有健全的职业病诊断质量管理制度。

第九条　医疗卫生机构进行职业病诊断备案时，应当提交以下证明其符合本办法第八条规定条件的有关资料：

（一）《医疗机构执业许可证》原件、副本及复印件；

（二）职业病诊断医师资格等相关资料；

（三）相关的仪器设备清单；

（四）负责职业病信息报告人员名单；

（五）职业病诊断质量管理制度等相关资料。

第十条　职业病诊断机构对备案信息的真实性、准确性、合法性负责。

当备案信息发生变化时，应当自信息发生变化之日起十个工作日内向省级卫生健康主管部门提交变更信息。

第十一条　设区的市没有医疗卫生机构备案开展职业病诊断的，省级卫生健康主管部门应当根据职业病诊断工作的需要，指定符合本办法

第八条规定条件的医疗卫生机构承担职业病诊断工作。

第十二条 职业病诊断机构的职责是：

（一）在备案的诊断项目范围内开展职业病诊断；

（二）及时向所在地卫生健康主管部门报告职业病；

（三）按照卫生健康主管部门要求报告职业病诊断工作情况；

（四）承担《职业病防治法》中规定的其他职责。

第十三条 职业病诊断机构依法独立行使诊断权，并对其作出的职业病诊断结论负责。

第十四条 职业病诊断机构应当建立和健全职业病诊断管理制度，加强职业病诊断医师等有关医疗卫生人员技术培训和政策、法律培训，并采取措施改善职业病诊断工作条件，提高职业病诊断服务质量和水平。

第十五条 职业病诊断机构应当公开职业病诊断程序和诊断项目范围，方便劳动者进行职业病诊断。

职业病诊断机构及其相关工作人员应当尊重、关心、爱护劳动者，保护劳动者的隐私。

第十六条 从事职业病诊断的医师应当具备下列条件，并取得省级卫生健康主管部门颁发的职业病诊断资格证书：

（一）具有医师执业证书；

（二）具有中级以上卫生专业技术职务任职资格；

（三）熟悉职业病防治法律法规和职业病诊断标准；

（四）从事职业病诊断、鉴定相关工作三年以上；

（五）按规定参加职业病诊断医师相应专业的培训，并考核合格。

省级卫生健康主管部门应当依据本办法的规定和国家卫生健康委制定的职业病诊断医师培训大纲，制定本行政区域职业病诊断医师培训考核办法并组织实施。

第十七条 职业病诊断医师应当依法在职业病诊断机构备案的诊断项目范围内从事职业病诊断工作，不得从事超出其职业病诊断资格范围的职业病诊断工作；职业病诊断医师应当按照有关规定参加职业卫生、放射卫生、职业医学等领域的继续医学教育。

第十八条 省级卫生健康主管部门应当加强本行政区域内职业病诊断机构的质量控制管理工作，组织开展职业病诊断机构质量控制评估。

职业病诊断质量控制规范和医疗卫生机构职业病报告规范另行制定。

第三章　诊　　断

第十九条　劳动者可以在用人单位所在地、本人户籍所在地或者经常居住地的职业病诊断机构进行职业病诊断。

第二十条　职业病诊断应当按照《职业病防治法》、本办法的有关规定及《职业病分类和目录》、国家职业病诊断标准，依据劳动者的职业史、职业病危害接触史和工作场所职业病危害因素情况、临床表现以及辅助检查结果等，进行综合分析。材料齐全的情况下，职业病诊断机构应当在收齐材料之日起三十日内作出诊断结论。

没有证据否定职业病危害因素与病人临床表现之间的必然联系的，应当诊断为职业病。

第二十一条　职业病诊断需要以下资料：

（一）劳动者职业史和职业病危害接触史（包括在岗时间、工种、岗位、接触的职业病危害因素名称等）；

（二）劳动者职业健康检查结果；

（三）工作场所职业病危害因素检测结果；

（四）职业性放射性疾病诊断还需要个人剂量监测档案等资料。

第二十二条　劳动者依法要求进行职业病诊断的，职业病诊断机构不得拒绝劳动者进行职业病诊断的要求，并告知劳动者职业病诊断的程序和所需材料。劳动者应当填写《职业病诊断就诊登记表》，并提供本人掌握的职业病诊断有关资料。

第二十三条　职业病诊断机构进行职业病诊断时，应当书面通知劳动者所在的用人单位提供本办法第二十一条规定的职业病诊断资料，用人单位应当在接到通知后的十日内如实提供。

第二十四条　用人单位未在规定时间内提供职业病诊断所需要资料的，职业病诊断机构可以依法提请卫生健康主管部门督促用人单位提供。

第二十五条　劳动者对用人单位提供的工作场所职业病危害因素检

测结果等资料有异议，或者因劳动者的用人单位解散、破产，无用人单位提供上述资料的，职业病诊断机构应当依法提请用人单位所在地卫生健康主管部门进行调查。

卫生健康主管部门应当自接到申请之日起三十日内对存在异议的资料或者工作场所职业病危害因素情况作出判定。

职业病诊断机构在卫生健康主管部门作出调查结论或者判定前应当中止职业病诊断。

第二十六条　职业病诊断机构需要了解工作场所职业病危害因素情况时，可以对工作场所进行现场调查，也可以依法提请卫生健康主管部门组织现场调查。卫生健康主管部门应当在接到申请之日起三十日内完成现场调查。

第二十七条　在确认劳动者职业史、职业病危害接触史时，当事人对劳动关系、工种、工作岗位或者在岗时间有争议的，职业病诊断机构应当告知当事人依法向用人单位所在地的劳动人事争议仲裁委员会申请仲裁。

第二十八条　经卫生健康主管部门督促，用人单位仍不提供工作场所职业病危害因素检测结果、职业健康监护档案等资料或者提供资料不全的，职业病诊断机构应当结合劳动者的临床表现、辅助检查结果和劳动者的职业史、职业病危害接触史，并参考劳动者自述或工友旁证资料、卫生健康等有关部门提供的日常监督检查信息等，作出职业病诊断结论。对于作出无职业病诊断结论的病人，可依据病人的临床表现以及辅助检查结果，作出疾病的诊断，提出相关医学意见或者建议。

第二十九条　职业病诊断机构可以根据诊断需要，聘请其他单位职业病诊断医师参加诊断。必要时，可以邀请相关专业专家提供咨询意见。

第三十条　职业病诊断机构作出职业病诊断结论后，应当出具职业病诊断证明书。职业病诊断证明书应当由参与诊断的取得职业病诊断资格的执业医师签署。

职业病诊断机构应当对职业病诊断医师签署的职业病诊断证明书进行审核，确认诊断的依据与结论符合有关法律法规、标准的要求，并在职业病诊断证明书上盖章。

职业病诊断证明书的书写应当符合相关标准的要求。

职业病诊断证明书一式五份，劳动者一份，用人单位所在地县级卫生健康主管部门一份,用人单位两份,诊断机构存档一份。

职业病诊断证明书应当于出具之日起十五日内由职业病诊断机构送达劳动者、用人单位及用人单位所在地县级卫生健康主管部门。

第三十一条 职业病诊断机构应当建立职业病诊断档案并永久保存,档案应当包括:

(一)职业病诊断证明书;

(二)职业病诊断记录;

(三)用人单位、劳动者和相关部门、机构提交的有关资料;

(四)临床检查与实验室检验等资料。

职业病诊断机构拟不再开展职业病诊断工作的,应当在拟停止开展职业病诊断工作的十五个工作日之前告知省级卫生健康主管部门和所在地县级卫生健康主管部门,妥善处理职业病诊断档案。

第三十二条 职业病诊断机构发现职业病病人或者疑似职业病病人时,应当及时向所在地县级卫生健康主管部门报告。职业病诊断机构应当在作出职业病诊断之日起十五日内通过职业病及健康危害因素监测信息系统进行信息报告,并确保报告信息的完整、真实和准确。

确诊为职业病的,职业病诊断机构可以根据需要,向卫生健康主管部门、用人单位提出专业建议;告知职业病病人依法享有的职业健康权益。

第三十三条 未承担职业病诊断工作的医疗卫生机构,在诊疗活动中发现劳动者的健康损害可能与其所从事的职业有关时,应及时告知劳动者到职业病诊断机构进行职业病诊断。

第四章 鉴　　定

第三十四条 当事人对职业病诊断机构作出的职业病诊断有异议的,可以在接到职业病诊断证明书之日起三十日内,向作出诊断的职业病诊断机构所在地设区的市级卫生健康主管部门申请鉴定。

职业病诊断争议由设区的市级以上地方卫生健康主管部门根据当事人的申请组织职业病诊断鉴定委员会进行鉴定。

第三十五条 职业病鉴定实行两级鉴定制,设区的市级职业病诊断鉴定委员会负责职业病诊断争议的首次鉴定。

当事人对设区的市级职业病鉴定结论不服的,可以在接到诊断鉴定书之日起十五日内,向原鉴定组织所在地省级卫生健康主管部门申请再鉴定,省级鉴定为最终鉴定。

第三十六条 设区的市级以上地方卫生健康主管部门可以指定办事机构,具体承担职业病诊断鉴定的组织和日常性工作。职业病鉴定办事机构的职责是:

(一)接受当事人申请;

(二)组织当事人或者接受当事人委托抽取职业病诊断鉴定专家;

(三)组织职业病诊断鉴定会议,负责会议记录、职业病诊断鉴定相关文书的收发及其他事务性工作;

(四)建立并管理职业病诊断鉴定档案;

(五)报告职业病诊断鉴定相关信息;

(六)承担卫生健康主管部门委托的有关职业病诊断鉴定的工作。

职业病诊断机构不能作为职业病鉴定办事机构。

第三十七条 设区的市级以上地方卫生健康主管部门应当向社会公布本行政区域内依法承担职业病诊断鉴定工作的办事机构的名称、工作时间、地点、联系人、联系电话和鉴定工作程序。

第三十八条 省级卫生健康主管部门应当设立职业病诊断鉴定专家库(以下简称专家库),并根据实际工作需要及时调整其成员。专家库可以按照专业类别进行分组。

第三十九条 专家库应当以取得职业病诊断资格的不同专业类别的医师为主要成员,吸收临床相关学科、职业卫生、放射卫生、法律等相关专业的专家组成。专家应当具备下列条件:

(一)具有良好的业务素质和职业道德;

(二)具有相关专业的高级专业技术职务任职资格;

(三)熟悉职业病防治法律法规和职业病诊断标准;

(四)身体健康,能够胜任职业病诊断鉴定工作。

第四十条 参加职业病诊断鉴定的专家,应当由当事人或者由其委托的职业病鉴定办事机构从专家库中按照专业类别以随机抽取的方式确定。抽取的专家组成职业病诊断鉴定委员会(以下简称鉴定委员会)。

经当事人同意,职业病鉴定办事机构可以根据鉴定需要聘请本省、自治区、直辖市以外的相关专业专家作为鉴定委员会成员,并有表决权。

第四十一条　鉴定委员会人数为五人以上单数,其中相关专业职业病诊断医师应当为本次鉴定专家人数的半数以上。疑难病例应当增加鉴定委员会人数,充分听取意见。鉴定委员会设主任委员一名,由鉴定委员会成员推举产生。

职业病诊断鉴定会议由鉴定委员会主任委员主持。

第四十二条　参加职业病诊断鉴定的专家有下列情形之一的,应当回避:

(一)是职业病诊断鉴定当事人或者当事人近亲属的;

(二)已参加当事人职业病诊断或者首次鉴定的;

(三)与职业病诊断鉴定当事人有利害关系的;

(四)与职业病诊断鉴定当事人有其他关系,可能影响鉴定公正的。

第四十三条　当事人申请职业病诊断鉴定时,应当提供以下资料:

(一)职业病诊断鉴定申请书;

(二)职业病诊断证明书;

(三)申请省级鉴定的还应当提交市级职业病诊断鉴定书。

第四十四条　职业病鉴定办事机构应当自收到申请资料之日起五个工作日内完成资料审核,对资料齐全的发给受理通知书;资料不全的,应当当场或者在五个工作日内一次性告知当事人补充。资料补充齐全的,应当受理申请并组织鉴定。

职业病鉴定办事机构收到当事人鉴定申请之后,根据需要可以向原职业病诊断机构或者组织首次鉴定的办事机构调阅有关的诊断、鉴定资料。原职业病诊断机构或者组织首次鉴定的办事机构应当在接到通知之日起十日内提交。

职业病鉴定办事机构应当在受理鉴定申请之日起四十日内组织鉴定、形成鉴定结论,并出具职业病诊断鉴定书。

第四十五条　根据职业病诊断鉴定工作需要,职业病鉴定办事机构可以向有关单位调取与职业病诊断、鉴定有关的资料,有关单位应当如实、及时提供。

鉴定委员会应当听取当事人的陈述和申辩，必要时可以组织进行医学检查，医学检查应当在三十日内完成。

需要了解被鉴定人的工作场所职业病危害因素情况时，职业病鉴定办事机构根据鉴定委员会的意见可以组织对工作场所进行现场调查，或者依法提请卫生健康主管部门组织现场调查。现场调查应当在三十日内完成。

医学检查和现场调查时间不计算在职业病鉴定规定的期限内。

职业病诊断鉴定应当遵循客观、公正的原则，鉴定委员会进行职业病诊断鉴定时，可以邀请有关单位人员旁听职业病诊断鉴定会议。所有参与职业病诊断鉴定的人员应当依法保护当事人的个人隐私、商业秘密。

第四十六条　鉴定委员会应当认真审阅鉴定资料，依照有关规定和职业病诊断标准，经充分合议后，根据专业知识独立进行鉴定。在事实清楚的基础上，进行综合分析，作出鉴定结论，并制作职业病诊断鉴定书。

鉴定结论应当经鉴定委员会半数以上成员通过。

第四十七条　职业病诊断鉴定书应当包括以下内容：

（一）劳动者、用人单位的基本信息及鉴定事由；

（二）鉴定结论及其依据，鉴定为职业病的，应当注明职业病名称、程度（期别）；

（三）鉴定时间。

诊断鉴定书加盖职业病鉴定委员会印章。

首次鉴定的职业病诊断鉴定书一式五份，劳动者、用人单位、用人单位所在地市级卫生健康主管部门、原诊断机构各一份，职业病鉴定办事机构存档一份；省级鉴定的职业病诊断鉴定书一式六份，劳动者、用人单位、用人单位所在地省级卫生健康主管部门、原诊断机构、首次职业病鉴定办事机构各一份，省级职业病鉴定办事机构存档一份。

职业病诊断鉴定书的格式由国家卫生健康委员会统一规定。

第四十八条　职业病鉴定办事机构出具职业病诊断鉴定书后，应当于出具之日起十日内送达当事人，并在出具职业病诊断鉴定书后的十日内将职业病诊断鉴定书等有关信息告知原职业病诊断机构或者首次职业病鉴定办事机构，并通过职业病及健康危害因素监测信息系统报告职业病鉴定相关信息。

第四十九条　职业病鉴定结论与职业病诊断结论或者首次职业病鉴

定结论不一致的，职业病鉴定办事机构应当在出具职业病诊断鉴定书后十日内向相关卫生健康主管部门报告。

第五十条 职业病鉴定办事机构应当如实记录职业病诊断鉴定过程，内容应当包括：

（一）鉴定委员会的专家组成；

（二）鉴定时间；

（三）鉴定所用资料；

（四）鉴定专家的发言及其鉴定意见；

（五）表决情况；

（六）经鉴定专家签字的鉴定结论。

有当事人陈述和申辩的，应当如实记录。

鉴定结束后，鉴定记录应当随同职业病诊断鉴定书一并由职业病鉴定办事机构存档，永久保存。

第五章 监督管理

第五十一条 县级以上地方卫生健康主管部门应当定期对职业病诊断机构进行监督检查，检查内容包括：

（一）法律法规、标准的执行情况；

（二）规章制度建立情况；

（三）备案的职业病诊断信息真实性情况；

（四）按照备案的诊断项目开展职业病诊断工作情况；

（五）开展职业病诊断质量控制、参加质量控制评估及整改情况；

（六）人员、岗位职责落实和培训情况；

（七）职业病报告情况。

第五十二条 设区的市级以上地方卫生健康主管部门应当加强对职业病鉴定办事机构的监督管理，对职业病鉴定工作程序、制度落实情况及职业病报告等相关工作情况进行监督检查。

第五十三条 县级以上地方卫生健康主管部门监督检查时，有权查阅或者复制有关资料，职业病诊断机构应当予以配合。

第六章 法律责任

第五十四条 医疗卫生机构未按照规定备案开展职业病诊断的,由县级以上地方卫生健康主管部门责令改正,给予警告,可以并处三万元以下罚款。

第五十五条 职业病诊断机构有下列行为之一的,其作出的职业病诊断无效,由县级以上地方卫生健康主管部门按照《职业病防治法》的第八十条的规定进行处理:

(一)超出诊疗项目登记范围从事职业病诊断的;

(二)不按照《职业病防治法》规定履行法定职责的;

(三)出具虚假证明文件的。

第五十六条 职业病诊断机构未按照规定报告职业病、疑似职业病的,由县级以上地方卫生健康主管部门按照《职业病防治法》第七十四条的规定进行处理。

第五十七条 职业病诊断机构违反本办法规定,有下列情形之一的,由县级以上地方卫生健康主管部门责令限期改正;逾期不改的,给予警告,并可以根据情节轻重处以三万元以下罚款:

(一)未建立职业病诊断管理制度的;

(二)未按照规定向劳动者公开职业病诊断程序的;

(三)泄露劳动者涉及个人隐私的有关信息、资料的;

(四)未按照规定参加质量控制评估,或者质量控制评估不合格且未按要求整改的;

(五)拒不配合卫生健康主管部门监督检查的。

第五十八条 职业病诊断鉴定委员会组成人员收受职业病诊断争议当事人的财物或者其他好处的,由省级卫生健康主管部门按照《职业病防治法》第八十一条的规定进行处理。

第五十九条 县级以上地方卫生健康主管部门及其工作人员未依法履行职责,按照《职业病防治法》第八十三条第二款规定进行处理。

第六十条 用人单位有下列行为之一的,由县级以上地方卫生健康主管部门按照《职业病防治法》第七十二条规定进行处理：

(一)未按照规定安排职业病病人、疑似职业病病人进行诊治的；

(二)拒不提供职业病诊断、鉴定所需资料的；

(三)未按照规定承担职业病诊断、鉴定费用。

第六十一条　用人单位未按照规定报告职业病、疑似职业病的,由县级以上地方卫生健康主管部门按照《职业病防治法》第七十四条规定进行处理。

第七章　附　　则

第六十二条　本办法所称“证据”,包括疾病的证据、接触职业病危害因素的证据,以及用于判定疾病与接触职业病危害因素之间因果关系的证据。

第六十三条　本办法自公布之日起施行。原卫生部 2013 年 2 月 19 日公布的《职业病诊断与鉴定管理办法》同时废止。

劳动能力鉴定——
职工工伤与职业病致残等级(节录)

(GB/T 16180—2014)

(2014 年 9 月 3 日国家质量监督检验检疫总局、中国国家标准化管理委员会发布　自 2015 年 1 月 1 日起实施)

5　职工工伤与职业病致残等级分级

5.1　一　　级

5.1.1　定级原则

器官缺失或功能完全丧失,其他器官不能代偿,存在特殊医疗依赖,或完全或大部分或部分生活自理障碍。

5.1.2 一级条款系列

凡符合5.1.1或下列条款之一者均为工伤一级。

1)极重度智能损伤;

2)四肢瘫肌力≤3级或三肢瘫肌力≤2级;

3)重度非肢体瘫运动障碍;

4)面部重度毁容,同时伴有表C.2中二级伤残之一者;

5)全身重度瘢痕形成,占体表面积≥90%,伴有脊柱及四肢大关节活动功能基本丧失;

6)双肘关节以上缺失或功能完全丧失;

7)双下肢膝上缺失及一上肢肘上缺失;

8)双下肢及一上肢瘢痕畸形,功能完全丧失;

9)双眼无光感或仅有光感但光定位不准者;

10)肺功能重度损伤和呼吸困难Ⅳ级,需终生依赖机械通气;

11)双肺或心肺联合移植术;

12)小肠切除≥90%;

13)肝切除后原位肝移植;

14)胆道损伤原位肝移植;

15)全胰切除;

16)双侧肾切除或孤肾切除术后,用透析维持或同种肾移植术后肾功能不全尿毒症期;

17)尘肺叁期伴肺功能重度损伤及(或)重度低氧血症〔PO_2 < 5.3kPa(< 40mmHg)〕;

18)其他职业性肺部疾患,伴肺功能重度损伤及(或)重度低氧血症〔PO_2 < 5.3kPa(< 40mmHg)〕;

19)放射性肺炎后,两叶以上肺纤维化伴重度低氧血症〔PO_2 < 5.3kPa(< 40mmHg)〕;

20)职业性肺癌伴肺功能重度损伤;

21)职业性肝血管肉瘤,重度肝功能损害;

22)肝硬化伴食道静脉破裂出血,肝功能重度损害;

23)肾功能不全尿毒症期,内生肌酐清除率持续 < 10mL/min,或血浆

肌酐水平持续＞707μmol/L(8mg/dL)。

5.2 二 级

5.2.1 定级原则

器官严重缺损或畸形,有严重功能障碍或并发症,存在特殊医疗依赖,或大部分或部分生活自理障碍。

5.2.2 二级条款系列

凡符合5.2.1或下列条款之一者均为工伤二级。

1)重度智能损伤;

2)三肢瘫肌力3级;

3)偏瘫肌力≤2级;

4)截瘫肌力≤2级;

5)双手全肌瘫肌力≤2级;

6)完全感觉性或混合性失语;

7)全身重度瘢痕形成,占体表面积≥80%,伴有四肢大关节中3个以上活动功能受限;

8)全面部瘢痕或植皮伴有重度毁容;

9)双侧前臂缺失或双手功能完全丧失;

10)双下肢瘢痕畸形,功能完全丧失;

11)双膝以上缺失;

12)双膝、双踝关节功能完全丧失;

13)同侧上、下肢缺失或功能完全丧失;

14)四肢大关节(肩、髋、膝、肘)中4个及以上关节功能完全丧失者;

15)一眼有或无光感,另眼矫正视力≤0.02,或视野≤8%(或半径≤5°);

16)无吞咽功能,完全依赖胃管进食;

17)双侧上颌骨或双侧下颌骨完全缺损;

18)一侧上颌骨及对侧下颌骨完全缺损,并伴有颜面软组织损伤＞$30cm^2$;

19)一侧全肺切除并胸廓成形术,呼吸困难Ⅲ级;

20)心功能不全三级;

21)食管闭锁或损伤后无法行食管重建术,依赖胃造瘘或穿肠造瘘进食;

22)小肠切除 3/4,合并短肠综合症;

23)肝切除 3/4,合并肝功能重度损害;

24)肝外伤后发生门脉高压三联症或发生 Budd – chiari 综合征;

25)胆道损伤致肝功能重度损害;

26)胰次全切除,胰腺移植术后;

27)孤肾部分切除后,肾功能不全失代偿期;

28)肺功能重度损伤及(或)重度低氧血症;

29)尘肺叁期伴肺功能中度损伤及(或)中度低氧血症;

30)尘肺贰期伴肺功能重度损伤及(或)重度低氧血症〔PO_2 < 5.3kPa (40mmHg)〕;

31)尘肺叁期伴活动性肺结核;

32)职业性肺癌或胸膜间皮瘤;

33)职业性急性白血病;

34)急性重型再生障碍性贫血;

35)慢性重度中毒性肝病;

36)肝血管肉瘤;

37)肾功能不全尿毒症期,内生肌酐清除率持续 < 25mL/min,或血浆肌酐水平持续 > 450μmol/L(5mg/dL);

38)职业性膀胱癌;

39)放射性肿瘤。

5.3 三 级

5.3.1 定级原则

器官严重缺损或畸形,有严重功能障碍或并发症,存在特殊医疗依赖,或部分生活自理障碍。

5.3.2 三级条款系列

凡符合 5.3.1 或下列条款之一者均为工伤三级。

1)精神病性症状,经系统治疗1年后仍表现为危险或冲动行为者;

2)精神病性症状,经系统治疗1年后仍缺乏生活自理能力者;

3)偏瘫肌力3级;

4)截瘫肌力3级;

5)双足全肌瘫肌力≤2级;

6)中度非肢体瘫运动障碍;

7)完全性失用、失写、失读、失认等具有两项及两项以上者;

8)全身重度瘢痕形成,占体表面积≥70%,伴有四肢大关节中2个以上活动功能受限;

9)面部瘢痕或植皮≥2/3并有中度毁容;

10)一手缺失,另一手拇指缺失;

11)双手拇、食指缺失或功能完全丧失;

12)一手功能完全丧失,另一手拇指功能完全丧失;

13)双髋、双膝关节中,有一个关节缺失或功能完全丧失及另一关节重度功能障碍;

14)双膝以下缺失或功能完全丧失;

15)一侧髋、膝关节畸形,功能完全丧失;

16)非同侧腕上、踝上缺失;

17)非同侧上、下肢瘢痕畸形,功能完全丧失;

18)一眼有或无光感,另眼矫正视力≤0.05或视野≤16%(半径≤10°);

19)双眼矫正视力<0.05或视野≤16%(半径≤10°);

20)一侧眼球摘除或眼内容物剜出,另眼矫正视力<0.1或视野≤24%(或半径≤15°);

21)呼吸完全依赖气管套管或造口;

22)喉或气管损伤导致静止状态下或仅轻微活动即有呼吸困难;

23)同侧上、下颌骨完全缺损;

24)一侧上颌骨或下颌骨完全缺损,伴颜面部软组织损伤>$30cm^2$;

25)舌缺损>全舌的2/3;

26)一侧全肺切除并胸廓成形术;

27)一侧胸廓成形术,肋骨切除6根以上;

28）一侧全肺切除并隆凸切除成形术；

29）一侧全肺切除并大血管重建术；

30）Ⅲ度房室传导阻滞；

31）肝切除2/3，并肝功能中度损害；

32）胰次全切除，胰岛素依赖；

33）一侧肾切除，对侧肾功能不全失代偿期；

34）双侧输尿管狭窄，肾功能不全失代偿期；

35）永久性输尿管腹壁造瘘；

36）膀胱全切除；

37）尘肺叁期；

38）尘肺贰期伴肺功能中度损伤及（或）中度低氧血症；

39）尘肺贰期合并活动性肺结核；

40）放射性肺炎后两叶肺纤维化，伴肺功能中度损伤及（或）中度低氧血症；

41）粒细胞缺乏症；

42）再生障碍性贫血；

43）职业性慢性白血病；

44）中毒性血液病，骨髓增生异常综合征；

45）中毒性血液病，严重出血或血小板含量$\leqslant 2\times10^{10}/L$；

46）砷性皮肤癌；

47）放射性皮肤癌。

5.4 四 级

5.4.1 定级原则

器官严重缺损或畸形，有严重功能障碍或并发症，存在特殊医疗依赖，或部分生活自理障碍或无生活自理障碍。

5.4.2 四级条款系列

凡符合5.4.1或下列条款之一者均为工伤四级。

1）中度智能损伤；

2）重度癫痫；

3)精神病性症状,经系统治疗1年后仍缺乏社交能力者;

4)单肢瘫肌力≤2级;

5)双手部分肌瘫肌力≤2级;

6)脑脊液漏伴有颅底骨缺损不能修复或反复手术失败;

7)面部中度毁容;

8)全身瘢痕面积≥60%,四肢大关节中1个关节活动功能受限;

9)面部瘢痕或植皮≥1/2并有轻度毁容;

10)双拇指完全缺失或功能完全丧失;

11)一侧手功能完全丧失,另一手部分功能丧失;

12)一侧肘上缺失;

13)一侧膝以下缺失,另一侧前足缺失;

14)一侧膝以上缺失;

15)一侧踝以下缺失,另一足畸形行走困难;

16)一眼有或无光感,另眼矫正视力<0.2或视野≤32%(或半径≤20°);

17)一眼矫正视力<0.05,另眼矫正视力≤0.1;

18)双眼矫正视力<0.1或视野≤32%(或半径≤20°);

19)双耳听力损失≥91dB;

20)牙关紧闭或因食管狭窄只能进流食;

21)一侧上颌骨缺损1/2,伴颜面部软组织损伤>20cm^2;

22)下颌骨缺损长6cm以上的区段,伴口腔、颜面软组织损伤>20cm^2;

23)双侧颞下颌关节骨性强直,完全不能张口;

24)面颊部洞穿性缺损>20cm^2;

25)双侧完全性面瘫;

26)一侧全肺切除术;

27)双侧肺叶切除术;

28)肺叶切除后并胸廓成形术后;

29)肺叶切除并隆凸切除成形术后;

30)一侧肺移植术;

31)心瓣膜置换术后;

32）心功能不全二级；
33）食管重建术后吻合口狭窄，仅能进流食者；
34）全胃切除；
35）胰头、十二指肠切除；
36）小肠切除3/4；
37）小肠切除2/3，包括回盲部切除；
38）全结肠、直肠、肛门切除，回肠造瘘；
39）外伤后肛门排便重度障碍或失禁；
40）肝切除2/3；
41）肝切除1/2，肝功能轻度损害；
42）胆道损伤致肝功能中度损害；
43）甲状旁腺功能重度损害；
44）肾修补术后，肾功能不全失代偿期；
45）输尿管修补术后，肾功能不全失代偿期；
46）永久性膀胱造瘘；
47）重度排尿障碍；
48）神经原性膀胱，残余尿≥50mL；
49）双侧肾上腺缺损；
50）尘肺贰期；
51）尘肺壹期伴肺功能中度损伤及（或）中度低氧血症；
52）尘肺壹期伴活动性肺结核；
53）病态窦房结综合征（需安装起搏器者）；
54）放射性损伤致肾上腺皮质功能明显减退；
55）放射性损伤致免疫功能明显减退。

5.5 五 级

5.5.1 定级原则

器官大部缺损或明显畸形，有较重功能障碍或并发症，存在一般医疗依赖，无生活自理障碍。

5.5.2　五级条款系列

凡符合 5.5.1 或下列条款之一者均为工伤五级。

1)四肢瘫肌力 4 级;

2)单肢瘫肌力 3 级;

3)双手部分肌瘫肌力 3 级;

4)一手全肌瘫肌力≤2 级;

5)双足全肌瘫肌力 3 级;

6)完全运动性失语;

7)完全性失用、失写、失读、失认等具有一项者;

8)不完全性失用、失写、失读、失认等具有多项者;

9)全身瘢痕占体表面积≥50%,并有关节活动功能受限;

10)面部瘢痕或植皮≥1/3 并有毁容标准中的一项;

11)脊柱骨折后遗 30°以上侧弯或后凸畸形,伴严重根性神经痛;

12)一侧前臂缺失;

13)一手功能完全丧失;

14)肩、肘关节之一功能完全丧失;

15)一手拇指缺失,另一手除拇指外三指缺失;

16)一手拇指功能完全丧失,另一手除拇指外三指功能完全丧失;

17)双前足缺失或双前足瘢痕畸形,功能完全丧失;

18)双跟骨足底软组织缺损瘢痕形成,反复破溃;

19)一髋(或一膝)功能完全丧失;

20)四肢大关节之一人工关节术后遗留重度功能障碍;

21)一侧膝以下缺失;

22)第Ⅲ对脑神经麻痹;

23)双眼外伤性青光眼术后,需用药物控制眼压者;

24)一眼有或无光感,另眼矫正视力≤0.3 或视野≤40%(或半径≤25°);

25)一眼矫正视力<0.05,另眼矫正视力≤0.2;

26)一眼矫正视力<0.1,另眼矫正视力等于 0.1;

27)双眼视野≤40%(或半径≤25°);

28)双耳听力损失≥81dB;

29)喉或气管损伤导致一般活动及轻工作时有呼吸困难;

30）吞咽困难，仅能进半流食；

31）双侧喉返神经损伤，喉保护功能丧失致饮食呛咳、误吸；

32）一侧上颌骨缺损 >1/4，但 <1/2，伴软组织损伤 >10cm^2，但 <20cm^2；

33）下颌骨缺损长 4cm 以上的区段，伴口腔、颜面软组织损伤 >10cm^2；

34）一侧完全面瘫，另一侧不完全面瘫；

35）双肺叶切除术；

36）肺叶切除术并大血管重建术；

37）隆凸切除成形术；

38）食管重建术后吻合口狭窄，仅能进半流食者；

39）食管气管或支气管瘘；

40）食管胸膜瘘；

41）胃切除 3/4；

42）小肠切除 2/3，包括回肠大部；

43）肛门、直肠、结肠部分切除，结肠造瘘；

44）肝切除 1/2；

45）胰切除 2/3；

46）甲状腺功能重度损害；

47）一侧肾切除，对侧肾功能不全代偿期；

48）一侧输尿管狭窄，肾功能不全代偿期；

49）尿道瘘不能修复者；

50）两侧睾丸、附睾缺损；

51）放射性损伤致生殖功能重度损伤；

52）阴茎全缺损；

53）双侧卵巢切除；

54）阴道闭锁；

55）会阴部瘢痕挛缩伴有阴道或尿道或肛门狭窄；

56）肺功能中度损伤或中度低氧血症；

57）莫氏Ⅱ型Ⅱ度房室传导阻滞；

58）病态窦房结综合征（不需安起搏器者）；

59)中毒性血液病,血小板减少($\leqslant 4\times10^{10}$/L)并有出血倾向;

60)中毒性血液病,白细胞含量持续$<3\times10^{9}$/L($<3\ 000/mm^{3}$)或粒细胞含量$<1.5\times10^{9}$/L($1\ 500/mm^{3}$);

61)慢性中度中毒性肝病;

62)肾功能不全失代偿期,内生肌酐清除率持续<50mL/min,或血浆肌酐水平持续>177μmol/L(2mg/dL);

63)放射性损伤致睾丸萎缩;

64)慢性重度磷中毒;

65)重度手臂振动病。

5.6　六　　级

5.6.1　定级原则

器官大部缺损或明显畸形,有中等功能障碍或并发症,存在一般医疗依赖,无生活自理障碍。

5.6.2　六级条款系列

凡符合5.6.1或下列条款之一者均为工伤六级。

1)癫痫中度;

2)轻度智能损伤;

3)精神病性症状,经系统治疗1年后仍影响职业劳动能力者;

4)三肢瘫肌力4级;

5)截瘫双下肢肌力4级伴轻度排尿障碍;

6)双手全肌瘫肌力4级;

7)一手全肌瘫肌力3级;

8)双足部分肌瘫肌力≤2级;

9)单足全肌瘫肌力≤2级;

10)轻度非肢体瘫运动障碍;

11)不完全性感觉性失语;

12)面部重度异物色素沉着或脱失;

13)面部瘢痕或植皮≥1/3;

14)全身瘢痕面积≥40%;

15）撕脱伤后头皮缺失 1/5 以上；

16）一手一拇指完全缺失，连同另一手非拇指二指缺失；

17）一拇指功能完全丧失，另一手除拇指外有二指功能完全丧失；

18）一手三指（含拇指）缺失；

19）除拇指外其余四指缺失或功能完全丧失；

20）一侧踝以下缺失；或踝关节畸形，功能完全丧失；

21）下肢骨折成角畸形 >15°，并有肢体短缩 4cm 以上；

22）一前足缺失，另一足仅残留拇趾；

23）一前足缺失，另一足除拇趾外，2 ~ 5 趾畸形，功能完全丧失；

24）一足功能完全丧失，另一足部分功能丧失；

25）一髋或一膝关节功能重度障碍；

26）单侧跟骨足底软组织缺损瘢痕形成，反复破溃；

27）一侧眼球摘除；或一侧眼球明显萎缩，无光感；

28）一眼有或无光感，另一眼矫正视力≥0.4；

29）一眼矫正视力≤0.05，另一眼矫正视力≥0.3；

30）一眼矫正视力≤0.1，另一眼矫正视力≥0.2；

31）双眼矫正视力≤0.2，或视野≤48%（或半径≤30°）；

32）第Ⅳ或第Ⅵ对脑神经麻痹，或眼外肌损伤致复视的；

33）双耳听力损失≥71dB；

34）双侧前庭功能丧失，睁眼行走困难，不能并足站立；

35）单侧或双侧颞下颌关节强直，张口困难Ⅲ度；

36）一侧上颌骨缺损 1/4，伴口腔颜面软组织损伤 >10cm^2；

37）面部软组织缺损 >20cm^2，伴发涎瘘；

38）舌缺损 >舌的 1/3，但 <舌的 2/3；

39）双侧颧骨并颧弓骨折，伴有开口困难Ⅱ度以上及颜面部畸形经手术复位者；

40）双侧下颌骨髁状突颈部骨折，伴有开口困难Ⅱ度以上及咬合关系改变，经手术治疗者；

41）一侧完全性面瘫；

42）肺叶切除并肺段或楔形切除术；

43）肺叶切除并支气管成形术后；

44)支气管(或气管)胸膜瘘;

45)冠状动脉旁路移植术;

46)大血管重建术;

47)胃切除 2/3;

48)小肠切除 1/2,包括回盲部;

49)肛门外伤后排便轻度障碍或失禁;

50)肝切除 1/3;

51)胆道损伤致肝功能轻度损伤;

52)腹壁缺损面积≥腹壁的 1/4;

53)胰切除 1/2;

54)甲状腺功能中度损害;

55)甲状旁腺功能中度损害;

56)肾损伤性高血压;

57)尿道狭窄经系统治疗 1 年后仍需定期行扩张术;

58)膀胱部分切除合并轻度排尿障碍;

59)两侧睾丸创伤后萎缩,血睾酮低于正常值;

60)放射性损伤致生殖功能轻度损伤;

61)双侧输精管缺损,不能修复;

62)阴茎部分缺损;

63)女性双侧乳房切除或严重瘢痕畸形;

64)子宫切除;

65)双侧输卵管切除;

66)尘肺壹期伴肺功能轻度损伤及(或)轻度低氧血症;

67)放射性肺炎后肺纤维化(<两叶),伴肺功能轻度损伤及(或)轻度低氧血症;

68)其他职业性肺部疾患,伴肺功能轻度损伤;

69)白血病完全缓解;

70)中毒性肾病,持续性低分子蛋白尿伴白蛋白尿;

71)中毒性肾病,肾小管浓缩功能减退;

72)放射性损伤致肾上腺皮质功能轻度减退;

73)放射性损伤致甲状腺功能低下;

74)减压性骨坏死Ⅲ期；

75)中度手臂振动病；

76)氟及其无机化合物中毒慢性重度中毒。

5.7 七 级

5.7.1 定级原则

器官大部缺损或畸形，有轻度功能障碍或并发症，存在一般医疗依赖，无生活自理障碍。

5.7.2 七级条款系列

凡符合5.7.1或下列条款之一者均为工伤七级。

1)偏瘫肌力4级；

2)截瘫肌力4级；

3)单手部分肌瘫肌力3级；

4)双足部分肌瘫肌力3级；

5)单足全肌瘫肌力3级；

6)中毒性周围神经病致深感觉障碍；

7)人格改变或边缘智能，经系统治疗1年后仍存在明显社会功能受损者；

8)不完全性运动性失语；

9)不完全性失用、失写、失读和失认等具有一项者；

10)符合重度毁容标准中的两项者；

11)烧伤后颅骨全层缺损≥$30cm^2$，或在硬脑膜上植皮面积≥$10cm^2$；

12)颈部瘢痕挛缩，影响颈部活动；

13)全身瘢痕面积≥30%；

14)面部瘢痕、异物或植皮伴色素改变占面部的10%以上；

15)骨盆骨折内固定术后，骨盆环不稳定，骶髂关节分离；

16)一手除拇指外，其他2～3指(含食指)近侧指间关节离断；

17)一手除拇指外，其他2～3指(含食指)近侧指间关节功能完全丧失；

18)肩、肘关节之一损伤后遗留关节重度功能障碍；

19)一腕关节功能完全丧失;

20)一足1~5趾缺失;

21)一前足缺失;

22)四肢大关节之一人工关节术后,基本能生活自理;

23)四肢大关节之一关节内骨折导致创伤性关节炎,遗留中重度功能障碍;

24)下肢伤后短缩>2cm,但≤4cm者;

25)膝关节韧带损伤术后关节不稳定,伸屈功能正常者;

26)一眼有或无光感,另眼矫正视力≥0.8;

27)一眼有或无光感,另一眼各种客观检查正常;

28)一眼矫正视力≤0.05,另眼矫正视力≥0.6;

29)一眼矫正视力≤0.1,另眼矫正视力≥0.4;

30)双眼矫正视力≤0.3,或视野≤64%(或半径≤40°);

31)单眼外伤性青光眼术后,需用药物控制眼压者;

32)双耳听力损失≥56dB;

33)咽成形术后,咽下运动不正常;

34)牙槽骨损伤长度≥8cm,牙齿脱落10个及以上;

35)单侧颧骨并颧弓骨折,伴有开口困难Ⅱ度以上及颜面部畸形经手术复位者;

36)双侧不完全性面瘫;

37)肺叶切除术;

38)限局性脓胸行部分胸廓成形术;

39)气管部分切除术;

40)食管重建术后伴反流性食管炎;

41)食管外伤或成形术后咽下运动不正常;

42)胃切除1/2;

43)小肠切除1/2;

44)结肠大部分切除;

45)肝切除1/4;

46)胆道损伤,胆肠吻合术后;

47)脾切除;

48）胰切除 1/3；
49）女性两侧乳房部分缺损；
50）一侧肾切除；
51）膀胱部分切除；
52）轻度排尿障碍；
53）阴道狭窄；
54）尘肺壹期，肺功能正常；
55）放射性肺炎后肺纤维化（＜两叶），肺功能正常；
56）轻度低氧血症；
57）心功能不全一级；
58）再生障碍性贫血完全缓解；
59）白细胞减少症，含量持续 $<4\times10^9/L$（$4\ 000/mm^3$）；
60）中性粒细胞减少症，含量持续 $<2\times10^9/L$（$2\ 000/mm^3$）；
61）慢性轻度中毒性肝病；
62）肾功能不全代偿期，内生肌酐清除率 ＜70mL /min；
63）三度牙酸蚀病。

5.8　八　　级

5.8.1　定级原则

器官部分缺损，形态异常，轻度功能障碍，存在一般医疗依赖，无生活自理障碍。

5.8.2　八级条款系列

凡符合 5.8.1 或下列条款之一者均为工伤八级。

1）单肢体瘫肌力 4 级；
2）单手全肌瘫肌力 4 级；
3）双手部分肌瘫肌力 4 级；
4）双足部分肌瘫肌力 4 级；
5）单足部分肌瘫肌力≤3 级；
6）脑叶部分切除术后；
7）符合重度毁容标准中的一项者；

8)面部烧伤植皮≥1/5;

9)面部轻度异物沉着或色素脱失;

10)双侧耳廓部分或一侧耳廓大部分缺损;

11)全身瘢痕面积≥20%;

12)一侧或双侧眼睑明显缺损;

13)脊椎压缩性骨折,椎体前缘高度减少1/2以上者或脊椎不稳定性骨折;

14)3个及以上节段脊柱内固定术;

15)一手除拇、食指外,有两指近侧指间关节离断;

16)一手除拇、食指外,有两指近侧指间关节功能完全丧失;

17)一拇指指间关节离断;

18)一拇指指间关节畸形,功能完全丧失;

19)一足拇趾缺失,另一足非拇趾一趾缺失;

20)一足拇趾畸形,功能完全丧失,另一足非拇趾一趾畸形;

21)一足除拇趾外,其他三趾缺失;

22)一足除拇趾外,其他四趾瘢痕畸形,功能完全丧失;

23)因开放骨折感染形成慢性骨髓炎,反复发作者;

24)四肢大关节之一关节内骨折导致创伤性关节炎,遗留轻度功能障碍;

25)急性放射皮肤损伤Ⅳ度及慢性放射性皮肤损伤手术治疗后影响肢体功能;

26)放射性皮肤溃疡经久不愈者;

27)一眼矫正视力≤0.2,另眼矫正视力≥0.5;

28)双眼矫正视力等于0.4;

29)双眼视野≤80%(或半径≤50°);

30)一侧或双侧睑外翻或睑闭合不全者;

31)上睑下垂盖及瞳孔1/3者;

32)睑球粘连影响眼球转动者;

33)外伤性青光眼行抗青光眼手术后眼压控制正常者;

34)双耳听力损失≥41dB或一耳≥91dB;

35)喉或气管损伤导致体力劳动时有呼吸困难;

36)喉源性损伤导致发声及言语困难;

37)牙槽骨损伤长度≥6cm,牙齿脱落8个及以上者;

38)舌缺损＜舌的1/3;

39)双侧鼻腔或鼻咽部闭锁;

40)双侧颞下颌关节强直,张口困难Ⅱ度;

41)上、下颌骨骨折,经牵引、固定治疗后有功能障碍者;

42)双侧颧骨并颧弓骨折,无开口困难,颜面部凹陷畸形不明显,不需手术复位;

43)肺段切除术;

44)支气管成形术;

45)双侧≥3根肋骨骨折致胸廓畸形;

46)膈肌破裂修补术后,伴膈神经麻痹;

47)心脏、大血管修补术;

48)心脏异物滞留或异物摘除术;

49)肺功能轻度损伤;

50)食管重建术后,进食正常者;

51)胃部分切除;

52)小肠部分切除;

53)结肠部分切除;

54)肝部分切除;

55)腹壁缺损面积＜腹壁的1/4;

56)脾部分切除;

57)胰部分切除;

58)甲状腺功能轻度损害;

59)甲状旁腺功能轻度损害;

60)尿道修补术;

61)一侧睾丸、附睾切除;

62)一侧输精管缺损,不能修复;

63)脊髓神经周围神经损伤,或盆腔、会阴手术后遗留性功能障碍;

64)一侧肾上腺缺损;

65)单侧输卵管切除;

66)单侧卵巢切除;

67)女性单侧乳房切除或严重瘢痕畸形;

68)其他职业性肺疾患,肺功能正常;

69)中毒性肾病,持续低分子蛋白尿;

70)慢性中度磷中毒;

71)氟及其无机化合物中毒慢性中度中毒;

72)减压性骨坏死Ⅱ期;

73)轻度手臂振动病;

74)二度牙酸蚀。

5.9 九　　级

5.9.1　定级原则

器官部分缺损,形态异常,轻度功能障碍,无医疗依赖或者存在一般医疗依赖,无生活自理障碍。

5.9.2　九级条款系列

凡符合5.9.1或下列条款之一者均为工伤九级。

1)癫痫轻度;

2)中毒性周围神经病致浅感觉障碍;

3)脑挫裂伤无功能障碍;

4)开颅手术后无功能障碍;

5)颅内异物无功能障碍;

6)颈部外伤致颈总、颈内动脉狭窄,支架置入或血管搭桥手术后无功能障碍;

7)符合中度毁容标准中的两项或轻度毁容者;

8)发际边缘瘢痕性秃发或其他部位秃发,需戴假发者;

9)全身瘢痕占体表面积≥5%;

10)面部有≥8cm^2或3处以上≥1cm^2的瘢痕;

11)两个以上横突骨折;

12)脊椎压缩骨折,椎体前缘高度减少小于1/2者;

13)椎间盘髓核切除术后;

14)1~2节脊柱内固定术;

15)一拇指末节部分1/2缺失;

16)一手食指2~3节缺失;

17)一拇指指间关节僵直于功能位;

18)除拇指外,余3~4指末节缺失;

19)一足拇趾末节缺失;

20)除拇趾外其他二趾缺失或瘢痕畸形,功能不全;

21)跖骨或跗骨骨折影响足弓者;

22)外伤后膝关节半月板切除、髌骨切除、膝关节交叉韧带修补术后;

23)四肢长管状骨骨折内固定或外固定支架术后;

24)髌骨、跟骨、距骨、下颌骨或骨盆骨折内固定术后;

25)第V对脑神经眼支麻痹;

26)眶壁骨折致眼球内陷、两眼球突出度相差>2mm或错位变形影响外观者;

27)一眼矫正视力≤0.3,另眼矫正视力>0.6;

28)双眼矫正视力等于0.5;

29)泪器损伤,手术无法改进溢泪者;

30)双耳听力损失≥31dB或一耳损失≥71dB;

31)喉源性损伤导致发声及言语不畅;

32)铬鼻病有医疗依赖;

33)牙槽骨损伤长度>4cm,牙脱落4个及以上;

34)上、下颌骨骨折,经牵引、固定治疗后无功能障碍者;

35)一侧下颌骨髁状突颈部骨折;

36)一侧颧骨并颧弓骨折;

37)肺内异物滞留或异物摘除术;

38)限局性脓胸行胸膜剥脱术;

39)胆囊切除;

40)一侧卵巢部分切除;

41)乳腺成形术;

42)胸、腹腔脏器探查术或修补术后。

5.10 十 级

5.10.1 定级原则

器官部分缺损,形态异常,无功能障碍或轻度功能障碍,无医疗依赖或者存在一般医疗依赖,无生活自理障碍。

5.10.2 十级条款系列

凡符合5.10.1或下列条款之一者均为工伤十级。

1)符合中度毁容标准中的一项者;

2)面部有瘢痕,植皮,异物色素沉着或脱失 $>2cm^2$;

3)全身瘢痕面积 $<5\%$,但 $\geqslant1\%$;

4)急性外伤导致椎间盘髓核突出,并伴神经刺激征者;

5)一手指除拇指外,任何一指远侧指间关节离断或功能丧失;

6)指端植皮术后(增生性瘢痕 $1cm^2$ 以上);

7)手背植皮面积 $>50cm^2$,并有明显瘢痕;

8)手掌、足掌植皮面积 $>30\%$ 者;

9)除拇趾外,任何一趾末节缺失;

10)足背植皮面积 $>100cm^2$;

11)膝关节半月板损伤、膝关节交叉韧带损伤未做手术者;

12)身体各部位骨折愈合后无功能障碍或轻度功能障碍;

13)四肢大关节肌腱及韧带撕裂伤术后遗留轻度功能障碍;

14)一手或两手慢性放射性皮肤损伤Ⅱ度及Ⅱ度以上者;

15)一眼矫正视力 $\leqslant0.5$,另一眼矫正视力 $\geqslant0.8$;

16)双眼矫正视力 $\leqslant0.8$;

17)一侧或双侧睑外翻或睑闭合不全行成形手术后矫正者;

18)上睑下垂盖及瞳孔1/3行成形手术后矫正者;

19)睑球粘连影响眼球转动行成形手术后矫正者;

20)职业性及外伤性白内障术后人工晶状体眼,矫正视力正常者;

21)职业性及外伤性白内障Ⅰ度~Ⅱ度(或轻度、中度),矫正视力正常者;

22)晶状体部分脱位;

23）眶内异物未取出者；
24）眼球内异物未取出者；
25）外伤性瞳孔放大；
26）角巩膜穿通伤治愈者；
27）双耳听力损失≥26 dB，或一耳≥56 dB；
28）双侧前庭功能丧失，闭眼不能并足站立；
29）铬鼻病（无症状者）；
30）嗅觉丧失；
31）牙齿除智齿以外，切牙脱落 1 个以上或其他牙脱落 2 个以上；
32）一侧颞下颌关节强直，张口困难Ⅰ度；
33）鼻窦或面颊部有异物未取出；
34）单侧鼻腔或鼻孔闭锁；
35）鼻中隔穿孔；
36）一侧不完全性面瘫；
37）血、气胸行单纯闭式引流术后，胸膜粘连增厚；
38）腹腔脏器挫裂伤保守治疗后；
39）乳腺修补术后；
40）放射性损伤致免疫功能轻度减退；
41）慢性轻度磷中毒；
42）氟及其无机化合物中毒慢性轻度中毒；
43）井下工人滑囊炎；
44）减压性骨坏死Ⅰ期；
45）一度牙酸蚀病；
46）职业性皮肤病久治不愈。

职业病分类和目录

（2013 年 12 月 23 日国家卫生和计划生育委员会、人力资源和社会保障部、国家安全生产监督管理总局、中华全国总工会发布
国卫疾控发〔2013〕48 号）

一、职业性尘肺病及其他呼吸系统疾病

（一）尘肺病

1. 矽肺
2. 煤工尘肺
3. 石墨尘肺
4. 碳黑尘肺
5. 石棉肺
6. 滑石尘肺
7. 水泥尘肺
8. 云母尘肺
9. 陶工尘肺
10. 铝尘肺
11. 电焊工尘肺
12. 铸工尘肺
13. 根据《尘肺病诊断标准》和《尘肺病理诊断标准》可以诊断的其他尘肺病

（二）其他呼吸系统疾病

1. 过敏性肺炎
2. 棉尘病
3. 哮喘
4. 金属及其化合物粉尘肺沉着病（锡、铁、锑、钡及其化合物等）

5. 刺激性化学物所致慢性阻塞性肺疾病
6. 硬金属肺病

二、职业性皮肤病

1. 接触性皮炎
2. 光接触性皮炎
3. 电光性皮炎
4. 黑变病
5. 痤疮
6. 溃疡
7. 化学性皮肤灼伤
8. 白斑
9. 根据《职业性皮肤病的诊断总则》可以诊断的其他职业性皮肤病

三、职业性眼病

1. 化学性眼部灼伤
2. 电光性眼炎
3. 白内障(含放射性白内障、三硝基甲苯白内障)

四、职业性耳鼻喉口腔疾病

1. 噪声聋
2. 铬鼻病
3. 牙酸蚀病
4. 爆震聋

五、职业性化学中毒

1. 铅及其化合物中毒(不包括四乙基铅)
2. 汞及其化合物中毒
3. 锰及其化合物中毒
4. 镉及其化合物中毒
5. 铍病
6. 铊及其化合物中毒
7. 钡及其化合物中毒
8. 钒及其化合物中毒
9. 磷及其化合物中毒

10. 砷及其化合物中毒
11. 铀及其化合物中毒
12. 砷化氢中毒
13. 氯气中毒
14. 二氧化硫中毒
15. 光气中毒
16. 氨中毒
17. 偏二甲基肼中毒
18. 氮氧化合物中毒
19. 一氧化碳中毒
20. 二硫化碳中毒
21. 硫化氢中毒
22. 磷化氢、磷化锌、磷化铝中毒
23. 氟及其无机化合物中毒
24. 氰及腈类化合物中毒
25. 四乙基铅中毒
26. 有机锡中毒
27. 羰基镍中毒
28. 苯中毒
29. 甲苯中毒
30. 二甲苯中毒
31. 正己烷中毒
32. 汽油中毒
33. 一甲胺中毒
34. 有机氟聚合物单体及其热裂解物中毒
35. 二氯乙烷中毒
36. 四氯化碳中毒
37. 氯乙烯中毒
38. 三氯乙烯中毒
39. 氯丙烯中毒
40. 氯丁二烯中毒

41. 苯的氨基及硝基化合物(不包括三硝基甲苯)中毒
42. 三硝基甲苯中毒
43. 甲醇中毒
44. 酚中毒
45. 五氯酚(钠)中毒
46. 甲醛中毒
47. 硫酸二甲酯中毒
48. 丙烯酰胺中毒
49. 二甲基甲酰胺中毒
50. 有机磷中毒
51. 氨基甲酸酯类中毒
52. 杀虫脒中毒
53. 溴甲烷中毒
54. 拟除虫菊酯类中毒
55. 铟及其化合物中毒
56. 溴丙烷中毒
57. 碘甲烷中毒
58. 氯乙酸中毒
59. 环氧乙烷中毒
60. 上述条目未提及的与职业有害因素接触之间存在直接因果联系的其他化学中毒

六、物理因素所致职业病

1. 中暑
2. 减压病
3. 高原病
4. 航空病
5. 手臂振动病
6. 激光所致眼(角膜、晶状体、视网膜)损伤
7. 冻伤

七、职业性放射性疾病

1. 外照射急性放射病

2. 外照射亚急性放射病

3. 外照射慢性放射病

4. 内照射放射病

5. 放射性皮肤疾病

6. 放射性肿瘤(含矿工高氡暴露所致肺癌)

7. 放射性骨损伤

8. 放射性甲状腺疾病

9. 放射性性腺疾病

10. 放射复合伤

11. 根据《职业性放射性疾病诊断标准(总则)》可以诊断的其他放射性损伤

八、职业性传染病

1. 炭疽

2. 森林脑炎

3. 布鲁氏菌病

4. 艾滋病(限于医疗卫生人员及人民警察)

5. 莱姆病

九、职业性肿瘤

1. 石棉所致肺癌、间皮瘤

2. 联苯胺所致膀胱癌

3. 苯所致白血病

4. 氯甲醚、双氯甲醚所致肺癌

5. 砷及其化合物所致肺癌、皮肤癌

6. 氯乙烯所致肝血管肉瘤

7. 焦炉逸散物所致肺癌

8. 六价铬化合物所致肺癌

9. 毛沸石所致肺癌、胸膜间皮瘤

10. 煤焦油、煤焦油沥青、石油沥青所致皮肤癌

11. β－萘胺所致膀胱癌

十、其他职业病

1. 金属烟热

2. 滑囊炎(限于井下工人)

3. 股静脉血栓综合征、股动脉闭塞症或淋巴管闭塞症(限于刮研作业人员)